识人、用人、管人

一　龙　主编

吉林文史出版社

图书在版编目（CIP）数据

识人用人管人 / 一龙编著. -- 长春 : 吉林文史出版社, 2020.1（2024.8重印）

ISBN 978-7-5472-6685-4

Ⅰ. ①识… Ⅱ. ①一… Ⅲ. ①人才管理学—通俗读物 Ⅳ. ①C962-49

中国版本图书馆CIP数据核字(2019)第250856号

识人用人管人

SHIRENYONGRENGUANREN

编　　著　一　龙
责任编辑　张雅婷
封面设计　末末美书
出版发行　吉林文史出版社有限责任公司
地　　址　长春市福祉大路5788号
电　　话　0431-81629353
网　　址　www.jlws.com.cn
印　　刷　北京永顺兴望印刷厂
开　　本　880mm × 1230mm　1/32
印　　张　4
字　　数　80千
版　　次　2020年1月第1版　2024年8月第2次印刷
定　　价　19.80元
书　　号　ISBN 978-7-5472-6685-4

前 言

\PREFACE\

领导是一门艺术，更是一门学问。治大国若烹小鲜，管理一个企业、一个职能部门更是如此。这就要求我们新一代的领导者和管理者必须掌握识人、用人和管人这三门艺术，学会如何辨识人才、运用人才、管理人才的技巧，懂得辩证识人、唯贤用人和科学管人。

识人是用人的基础，要有技巧。用人必先识人，知人方能善任。人才是根本，宏伟的事业离不开人才队伍的建设。这就决定领导者和管理者必须学会慧眼识人，为企业或职能部门招募到最优秀的人才。领导者和管理者只有学会了客观、公正、全面地了解他人，才能辨其长短、察其优劣，挑选到最优秀的员工和下属，才能在行业竞争中占据有利地位，并最终成为胜者。

用人是识人的目的，要讲方法。用人是一门微妙的艺术，其关键在于抓住人性的优点，摸透人性的弱点，长短并用，方圆互补，从而发挥人才的最大效能。君子用人如器，各取所长。在企业经营或组织管理中无论做出何种决策，都需要人来执行。这就决定领导者和管理者必须要善用人才，为岗位找到最合适的人才。领导者和管理者在用人时应用全面的、历史的和发展的眼光看待人才，根据其各自的性情特质、潜在能力，让人才各就其位、各得其所。

管人是用人的手段，要重谋略。管人重在掌控人心，即通过灵活运用各种策略，调动员工和下属的积极性和主动性，使他们创造出更多的价值和效益，促进企业或职能部门的进步和发展。市场的竞争、职能部门之间的竞争是动态的，管理必须应需而变。这就决定领导者和管理者必须要会管理人才，学会在工作中造就人才。领导者和管理者应对其属下的人员进行全面的了解，合理掌控，适当引导，对待不同类型的员工和下属采取不同的管理谋略。只有这样，才能使员工为企业或组织发挥最大的效应和能量。

杰出的领导者和管理者，应善于识人、长于用人、精于管人。本书是一本集知识性、实用性和科学性为一体的经典管理智慧书，书中借鉴和吸收了现代企业和职能部门中许多管理学方面的实践经验，从实际出发，与时俱进地从不同方面对识人、用人、管人这三大艺术的一般规律和知识，以及实际的操作方法和应该注意的问题做了深入浅出的分析和讲解，力图帮助现代领导者和管理者掌握最切合实际的人力管理方法。

目 录

\CONTENTS\

第一章

识人，应当有自己的战术和策略

不同职位需要不同个性

千军易得，一将难求。人才，是事业之根本。争天下者必先争贤，得贤者必得天下。一个国家如此，一个组织亦然。因此，管理者应该不拘一格地选拔和使用人才。

1.主管人才的识别

相对于普通成员来说，主管是组织内某一方面的管理专家，是直接的管理者；相对于上司来说，他们又是下属和助手。主管这个特殊的角色，使得招聘者在聘用他们时，必须进行综合考虑，慎重地权衡。无论多大的公司，主管与经理之间保持和谐的人际关系都是很重要的。

主管要成为经理的得力助手，首先必须与经理在性格上相投。主管要能够理解经理的感情变化，不能有被人使唤或命令的怨气，更不能认为自己一人之下、万人之上，在下属面前显示出不可一世的傲气，也不可以在单位内部搞宗派，不把经理放在眼里，甚至架空经理。主管确实应有一定的权力，但不能以为自己能做到的事情就不需与经理通气、汇报。

另外，主管要有辅佐经理开拓经营领域的能力。在选用主管的时候，最好选择能发挥经理长处的人。作为经理的助手，要有能够弥补经理短处的能力，有时候要能够代替经理处理某方面的重大问题。

2.推销人才的识别

推销人才的选择对企业来说是件相当重要的事。在选择时，不妨有意识地从下面几个方面衡量一下，看看被选择的对象是否具有这些素质：他要有丰富的推销经验，有相当高的受教育程度，还要有较高的智商。

选择推销人才时，还要注意这几方面：被选择的对象要安心于推销工作，能够吃苦耐劳，以保持这一职位员工的稳定性。否则，如果经常更换推销员，永远是由一个新手来做推销工作，就会对企业造成极大损失；被选择的对象应具有很强的事业心，把办好企业作为自己的奋斗目标，为了达到这一目标而甘愿吃苦，即便从每天清晨8点登门拜访第一个主顾起，一直跑到晚上10点，他也毫无怨言；被选择的对象还要具备对企业忠诚的素质，他应该是一个忠诚老实的人，而且他要凭着这种忠诚去感动他的推销对象；被选择的对象还要善于表达，措辞要准确。

选择好了推销人才以后，就要抓紧时间对他们进行培训。

要通过培训，使他们克服一些“先天素质”的不足，如过分体贴同情顾客、说话办事缺少变通、不乐意做推销工作等。推销教育专家高曼说，选择推销员时，首先应深入分析公司到底需要何种类型的人才来担当此任，并观察哪些人拥有此种人才的特点和条件。他开设了一个训练推销员的公司，设在日内瓦，在那里受培训的是来自各个国家的大约8000个大企业的几十万名推销员。可见，对推销人才，不但要重“选拔”，也要重“培训”。

优秀的人才会说话

善于与人谈话的人，常选择对方喜欢的话题来交谈，一旦发觉对方不感兴趣，就马上切换话题；如果不是很有把握，也不随意反诘对方。不善于谈话的人，往往说些模棱两可、无关痛痒的话题，如此一来，双方很难进行深入融洽的交流，渐渐因尴尬而中断话题。善于讲述道理的人，一句话就能讲清一件事或几件事。不善于讲述道理的，一百句话可能也讲不清一件事。

通过论辩，可以判断一个人的才学高低及真假。管理者在量才用人时，如果能制造机会，引发一场争论，让大家唇枪舌剑一番，自己从旁观察，就很容易发掘出各人真实的才学。

1.说得别人心悦诚服与说得别人哑口无言的人

有的人在与人论辩时，总是摆事实、讲道理，道理讲得清清楚楚、明明白白，说得人心服口服、不能不服。这种人思路清晰，看问题能抓住本质，反应也快，而且态度从容，不紧不慢，有娓娓道来之势，为人做事有理有据有节，分寸把握良好。这种人稳健大方、从容不迫，能机巧变通，可担大任。

另有一种人，在争论中也能取胜，却往往说得人家哑口无言，或者说得别人拂袖而去，不愿再跟他争论。这种人多是靠言辞的犀利尖锐而战胜对方的。他们目光犀利，能迅速抓住他人讲话的漏洞反驳，穷追猛打让对方手忙脚乱。他们辞采飞扬，妙语如花，取胜的同时或许还能博得旁人的一些欢笑和点头。但因以对方的不足为立论点，不能正确全面地陈述自己的观点，因此对方虽败而不服。

后面这种人机智敏捷，反应迅速，活泼伶俐，一张巧嘴能把错说成对，黑说成白，尽管对方知他无理，却在一时之间驳不倒他。但要注意他轻浮不稳的毛病，当心聪明反被聪明误，应引导他们学会静下心来踏踏实实工作与思考，培养浩然正气，方可大用。

2.善于寻找话题与不善于与人打交道的人

与人交谈时，如果大家见解相同或相近，就如河水流向大海，彼此融洽。如果意见相左，争了几句就负气而去，或者彼此模棱两可，谈得不冷不热、不亲不近，谈话则渐渐因尴尬而止。

善于与人交谈的人，当发现彼此观点相悖时，会立刻转换话题，用巧妙的方式不断试探，或采用迂回战术，逐渐找到对方感兴趣的话题，慢慢地回到主题上去。

这种人很机智，容易得到大家的好感，而且意志坚定，善于思考和察言观色，千方百计去实现自己的计划，敢说敢做，且有力量坚持到成功。

不善于与人交谈的人，说话往往处于被动位置，公式化地一问一答，或者说些模棱两可的应酬话；一旦说到他感兴趣的话题上，立刻像变成另一个人似的，滔滔不绝，侃侃而谈，甚至会激动起来，仿佛于寂寞山中遇到知音，听者也能从中得到许多有用的东西。

后一类人对生活有激情，他们苦苦钻研自己的兴趣所在，会成为某一领域的专家。他们不喜欢热闹，而爱清静独处，生活欲望也比较清淡。

3.善于讲清道理与不善于讲清道理的人

善于讲清道理的人，往往说一不二，是精明强干的人物。不善于讲清道理的人，讲话稀里糊涂又抓不着关键，说了半天也讲不明事情的原因和经过，或者永远不着边际，说不到本质上去。这种人思路不清晰、思维混乱，难以担当重任，不宜委派重要事务给他们。

不以个人好恶为标准

在用人中，有很大一部分管理者通常会不自觉地抵触比自己优秀的人，倾向于选择比自己差一点点的员工为自己的下属。用比自己差的人不仅方便管理，并且非常安全。他们招聘下属以自己的好恶为衡量标准；提拔副手，同样喜欢找能力比自己差的人。

还有一部分管理者，往往习惯感情用事，看到与自己志趣相投的人，便不再注意这个人其他方面的素质，从而将其当成人才。这样做的结果往往使此管理者形成自己的“人才小圈子”，由于考核不到位，致使很多人浑水摸鱼进入团队，而真正适合的人才却被错过了。

只有聪明的管理者才懂得知人善任的重要性，他们在用人过程中懂得识才重才，不以个人的好恶来看人，这样的管理者往往会得到下属的尊重和追随。

做一个不以个人好恶为用人标准的管理者，是一种最明智的选择。人才与厂房设备等资源最大的不同在于人会思考、有感情。管理者只有知人善任，人才才会感恩图报。

选才要透过现象看本质

通过相貌、表情、表象来了解人，是识人的一种辅助手段。但是，如果把它绝对化，把识人变成以貌取人，就会错看人才，乃至失去人才。

相貌美丑与人的思想善恶和能力大小并没有必然的联系。人虽貌丑却有德有才，则不失为君子；人虽貌美而缺少德行，便只能是小人。不能以相貌论英雄的道理，主要是告诫领导者识才要注意透过表象看本质。古今中外有很多事例都告诉我们：善于知人用人者，都是从人才的本质特征中去考察，而不是只看表面现象。凡在知人用人上的失误，都是只注意人才的一些表面，对于其人的德才却没有深加考察，从而埋没甚至遗弃和伤害了真正的贤能之人。

留意发现潜在的人才

识才，不仅要看到那些锋芒毕露者，更要注意寻找那些暂时默默无闻和表面上平淡无奇，但实则很有才华和发展前途者。显露的人才如同人人关注的上林之花，锦绣灿烂，蜚声世间，都欲得而用之。潜在人才则有如待琢之玉，似尘土中的黄金，没有得到公众的认可，没有表现出自己的价值，如果不是独具慧眼的识才者是难以发现的。

千里马之所以能在穷乡僻壤、山路泥泞之中被发现，是因为幸遇善于相马的伯乐。千里马如果没有遇到伯乐，恐怕要终身固守在槽枥之中，永无出头之日。许多潜在人才都是被“伯乐”相中，这个“伯乐”为其创造了一个展示才华、展所长的机会，潜在人才才获得成功。

企业家如果想较多、较好、较快地识别和发现潜在人才，必须注意以下几点：

（1）听其言识其心志。潜在人才都是尚未得志的人，他们之中在公开场合说假话、官话的极少，他们的话绝大多数是在自由场合下直抒胸臆的肺腑之言，是不带“颜色”的本质之言，因而更能真实地反映他们真实的思想感情。

（2）观其行识其追求。任何一个人一旦进入了自己希望扮演的角色，就会为了保住角色而多多少少带点“装扮相”，只有一般人中的人才，他们既无失去角色的担心，又不刻意寻找表现自己的机会，所以，他们的一切言行都比较纯朴自然。企业家如果能在一个人才毫无装扮的情况下透视出他的真心，而且这种真心又包含和表现出某种可贵之处，那么大胆启用这种人才，是十分可靠的。

（3）析其所为辨其才华。潜在人才虽处于成长发展阶段，有的甚至处在成才的初始时期，但既是人才就必然具有人才的先天素质。或有初生牛犊不怕虎的胆略，或有出淤泥而不染的可贵品格，或有“三年不鸣，一鸣惊人”之举，或有“雏凤清于老凤声”的过人之处。

（4）闻其誉识其才。善识人才者，应时刻保持清醒的头脑，有自己的独立见解，不受表面现象所左右。对于已成名的人才，不应当跟在吹捧赞扬声的后面唱赞歌，而应多听一听反对意见；对于未成名的潜在人才所受到的赞誉，则应留心在意。这是因为，人大多受“马太效应”影响，人云亦云者居多。大家说好，说好的人越发多起来；大家说坏，说坏的人也会随波逐流。但当人才处在潜伏阶段，“马太效应”与其毫不相干；再者，别人对其吹捧没有好处可得。所以，这时的称赞是发自内心的，是心口一致的。领导者如果听到大家对自己一名普通的下属进行赞扬时，一定要引起注意。

总之，既是人才，就必然有不同于常人之处，否则就称不上人才。一位善识人才的“伯乐”，正是要在“千里马”无处施展才华之时识别出他与一般“马匹”的不同，如果“千里马”已在驰骋腾跃之中表现出英姿，何用“伯乐”识别？

第二章

同等条件下，优先选用聪明人

任人唯亲不如任人唯贤

任人唯亲是用人之大敌。无数事实表明，任人唯亲、拉帮结伙、互相串通、以权谋私，是导致事业失败的重要原因。任用人才应唯才是用，而不是唯亲是用。

如何才能做到任人唯贤？作为管理者必须要把握住两个基本点：

第一，要有“公心”。关键在于无私，无私是选贤才的前提。对这点，中国的孔子看得十分清楚。他说：君子对天下之人，应不分亲疏，无论厚薄，只亲近仁义之人。这就是说，在人才问题上，应该不计较个人恩怨、得失，而只考虑国家、民众的利益。其实质就是在选才上无私，对能力强于自己、品德贤于自己的人，要加以举荐，或使他来代替自己，或使他居于自己之上。在选才上无私，就是要抛弃个人成见，客观地对他人做出评价；即使对其并不喜欢，也决不以私害公、以私误公，而应毅然选拔。

第二，公而忘私、虚怀若谷，有很高的素质，能够不计较个人恩怨和得失。尽管一些企业的管理者也反对裙带关系，可是选拔人才时就不自觉地搞亲亲疏疏，其中原因是他们总凭个人的私欲、私情来任用，这就偏离了公正客观的选才标准，长久发展下去，势必会出现小人得势、贤才失势的局面。

创业期招聘需要大智慧

创业期企业是社会的新生儿，规模小，实力较弱，还未得到社会的广泛认可。这类企业引进新生人力资源时，往往会遇到比成熟企业更多的困难，同时也需要考虑得更加周全。人力资源专家认为，创业期企业招龙引凤，需要比成熟企业招聘更多的智慧。

1.注重人才与老板的匹配度

创业期企业各方面均不成熟，管理制度很不健全，甚至是基本没有，企业文化也尚未形成，公司的日程管理都是由老板亲力亲为，企业的战略目标是求得生存和发展。企业的发展和业务的开拓主要靠老板的能力。总体而言，老板的个人风格决定着公司的命运。

多年工作的磨炼，企业老板基本上都已经形成了相对稳定的工作方式和做事风格，调整的空间和可能性有限。所以，这就要求引进的员工要与老板有较高的匹配度。只有匹配度高，大家才能高度团结，才能提高工作效率，才能克服企业在起步阶段的种种困难。反之，则容易造成工作中的摩擦、同事之间的误会，积累到一定程度就会爆发矛盾，从而导致合作失败。而这种团队建设上的失败，对创业期企业来说往往是致命的。

测试人才与老板的匹配程度，首先需要测试老板是一个有什么样工作行为的人，然后按照老板的风格招人。测试工作行为主要从三个维度入手：和人打交道的风格，办事的风格，以及接受信息、处理信息、反馈信息的能力和风格。

2.看重人才的职业素养和核心竞争力

创业期企业对外部人才的需求并不突出，所需数量少，以一般员工尤其是业务开拓人员的招聘为主，极少招聘中层，基本没有高层招聘。业务开拓人员是创业期企业的核心人员，其职业素养的成熟与否和核心竞争力的强弱直接决定着企业能否在激烈的业务竞争中破局成功。

评判一个人的职业素养可以从以下几个方面测评：职业习惯、职业成熟度、工作主动性、工作压力承受能力、学习素养。对于创业期企业而言，更为重要的是工作主动性和工作压力承受能力。创业期企业不可能获得足够的业务资源和社会关系资源，这就需要员工具有较高的工作主动性。同样，员工面对的新市场、新资源，业务开拓进程中有着更多的不确定性，这就需要员工要有较强的工作压力承受能力。

相对职业素养，人才的核心竞争力是企业更为看重的。人才的核心竞争力主要由以下几项内容组成：知识、技能和经验。知识是指以专业知识为核心的全方位认知水平；技能主要体现在专业能力上；经验和工作经历有密切关系，有经验的人才能够更好地帮助企业规避风险。对于创业期企业，技能为首选，经验为次，知识居末。

3.兼顾人才与组织、组织发展的协调性

如今激烈的竞争环境要求并决定了创业期企业发展速度一定要快。市场可以不断拓展，产品可以不断创新，而企业内部人力资源则不能日日更迭。团队的稳定是企业高速发展的基础，这就需要企业在招聘人才时要考虑人才与企业组织、企业发展的协调性。

人才与组织的协调性主要体现在人才与组织的相互适应程度、人才成长与企业成长的一致性上，而人才与组织发展的协调性主要体现在人才对企业价值观的认同感、人才对企业愿景的信任感上。因为创业型企业不具备成系统的企业文化，未凸现出明显的企业风格，所以，人才与组织发展的协调性对创业期企业而言不如人才与组织的协调性重要。人才与组织的协调性测评主要是看人才的知识、技能、经验、职业素养与企业提供的岗位、企业的成长速度是否对应。能够满足企业岗位、企业发展要求的人才，则可认定为与组织的协调性高。

组织能力很重要

组织协调能力是管理者必备的能力之一。如何在一两次面试中准确地判断出候选人的组织协调能力的强弱呢？人力资源专家认为组织协调能力主要包括组织能力、问题解决能力和领导力，在招聘过程中应该从三个角度进行评判。

1.“组织者”的气质和角色

所谓组织者气质，主要体现在：具有坚强的意志力、明确的目标、记忆能力出众并且善于总结经验、性格开朗并喜欢沟通、兴趣广泛、思想开放、对人宽容。招聘单位在对候选人的考核中，可以从以上几个方面综合把握候选人是否具有组织者的气质，这也直接反映了候选人的组织能力和发展潜力。

2.避免问题和解决问题

事物的发展都是伴随着矛盾和问题进行的，工作的开展也是一样。一个合格的管理人员，不仅不惧怕问题，还要有解决问题的能力，更重要的是，要有避免冲突的能力。也就是说，对工作中可能会出现的矛盾和问题，要有精确的预判。

在工作中，矛盾产生的原因有多种：彼此之间的误解、不同人的个性差异、不同的利益追求、工作方法的不同等。当这些问题出现后，正确处理问题的方法是最为重要的。一般来说，处理的方法主要有：压制、强权式解决、妥协、均衡利益。方式无对错，只有结果的差异。招聘企业在考核过程中，只需把握住一个原则：候选人采用的方式是否能够最大化促进组织目标的实现。

3.有信任，才有领导

只有信任下属，才能获得下属的追随，才能产生领导力。许多工作需要下属去做，这就需要领导者信任下属，对下属适当授权。授权不是放弃自己的职责，而是准许别人去更好地完成工作。是否懂得授权，也是对候选人的考核点之一。伴随授权机制的还有监督机制，高明的授权者既允许下属放手去做，又时时监督下属的工作进程，并保证在关键点上不出差错。这也是用人单位重要考察的一个方面。

授权是给下属提供舞台，而激励则是促进下属卓越工作的音乐。作为团队的领导者，有责任激励下属，使他们更有效、更卓越地工作。一个领导力出众的领导，既对下属高度信任，又能够发自内心地给予下属尊重；既能主动关心和帮助下属的职业发展，又在工作中使下属能够人尽其才、发挥其所长。招聘企业在考察候选人领导力的过程中，可以从其与下属的关系、下属的发展现状、下属对他的评价等几个方面进行判断。

始终将盈利能力强的人排在首位

企业的投资要能够盈利，获取利润虽然不是企业组织在社会发展中所要履行的唯一任务，但盈利绝对是第一任务。这是因为，无论是企业承担社会责任，还是自身的发展需要，都必须依赖于经济资源的剩余。而这些经济资源的剩余就是企业的利润。因此，企业管理者必须把创造利润放在首位。

作为企业组织的一名成员，任何员工都要为公司创造财富。松下幸之助曾经说过：“赢利是整个社会繁荣不可或缺的义务和责任。假如干不能赢利的工作，还不如一开始就不干，也没有必要干，因为干了也没有任何意义。”这就要求组织成员必须把促进组织创造利润作为最大职责。

杜邦集团创始人亨利·杜邦宣称：“企业利润高于一切。”所有杜邦家族的男性成员假如在杜邦公司工作一段时间之后被认定为无法为促进公司创造效益提供支持，就会被要求退出企业。

在亨利·杜邦眼里，只有家族服务于企业，决不让企业服务于家族。不能为组织创造利润的人，那就是组织的累赘，是公司的冗员，为了公司发展的需要，这部分人必须被清理出去。

创造利润对于任何公司而言都是一样重要的，都是必须秉承的首要发展原则。而利润的产生必然仰仗于组织成员的付出和努力，企业的兴衰成败、收益多少都与成员的努力紧密相连。当每一名组织成员都把创造利润作为自己的最大职责和神圣使命，并为达成职责和使命创造性地工作时，这个组织将会迎来更大的利润和更广阔的发展空间，组织成员也将获得更大的收入和成就。

第三章

区别解决小问题和解决大问题的人才

精英人才是发动机

柳传志曾说过这样一句话："作为一家制造业公司，取得成功的关键在于充分调动核心管理层和公司骨干的积极性。"联想在做业务、做事的时候，特别注意"带人"，事业要做出来，人也要培养出来。

这样的做事风格，逐渐成为一种文化，它被联想称为"发动机文化"。作为联想的一把手，柳传志是一台发动机，他希望把他的副手们（各个子公司和主要部门的负责人）都培养成同步的小发动机，而不是齿轮——齿轮是没有动力的，无论他的发动机马力多强大，齿轮本身多润滑，合在一起的系统所能提供的总能量是有限的；如果副手是同步运行的小发动机，大家一起联动的力量将非常强大。

关于"发动机理论"如何贯彻落实，柳传志表示：

首先要提供舞台。他的副手们都是有特殊追求的人。对他们来说，仅仅有物质激励肯定是不够的，精神激励更为重要，而这个精神激励主要是给他们一个足够宽广的舞台。联想的具体做法是：制定了总公司的目标和战略之后，接着确定各子公司的目标和责任，和子公司的领导们讨论要实现目标他们应该有哪些权力，并明确奖惩标准。目标制定后，具体怎么去实现目标，是由子公司负责人或者部门负责人及他的团队设计的，当然在做之前，各个部门负责人会把这个方案向总部汇报，以保持同步。

柳传志敢把这么一个舞台放心地交给下属，当然需要培养。联想把公司的管理方式由最初的指令式，发展成其后的指导式，到最后形成参与式（下属子公司自己来做，总公司决策层只是参与而已）。

2001年联想分拆后，当时很多媒体担心，联想把大摊子突然交给年轻人，可能会做不好。其实后来的事实表明，他们做得非常出色，原因在于，早在分拆的前两年，具体的采购、供应、销售等业务已经由这些年轻人负责了。

关于“发动机理论”的深刻含义，柳传志强调：在“发动机理论”中，联想强调“三心”。其一是责任心，任何一名联想员工都必须有责任心。其二，对中层干部而言，除了责任心，还要有上进心——要有野心登上更大的舞台，去管更多的事，挣更多的钱。只有努力进取，他们才可能成为“发动机”。其三，对于核心位置上的核心员工，还要加上事业心。这个“事业心”不同于西方的职业经理人定位——在一家公司的管理职位上努力工作，拿到合适的报酬，再到另外一家公司去寻找合适的位置；联想的“事业心”是要把联想的事业当成自己的事业来做，一代一代地传下去。

培养事业心除了精神激励，物质激励也非常重要。让核心管理层拥有公司部分股权，让他们真的从产权角度感到自己是主人，这是联想努力去做的事情。

柳传志同时还指出，“发动机理论”中所说的发动机，是有定语的，企业需要的是“同步的”发动机，不同步就会很糟糕。无论大家的积极性有多高，如果各做各的事情，肯定要出事。在联想的组织架构中，在总裁室有企划部，其中有一个职能就是协调各个部门，保证同步、一致。更关键的是，联想强调“德”和“才”。这个“德”，就是要把企业利益放在第一位，这是联想唯一的标准。因此，在制度上，一旦出现宗派苗头，联想会在第一时间坚决打击。

精心培养管理骨干

身为领导者，你可以环顾四周，看看部属是否拥有领导特质，最好的方法是从你的办公桌后面冷眼旁观他们工作的样子，例如他们与同仁、顾客、主管、下级员工共事时，显现何种专业特长？在压力之下，或是工作脱离原先计划的轨道时，他们所表现的领导特质又是什么？他们所展现的哪一些特质和你自己的领导风格最相似？或者，他们的行事与你的风格有何不同？你能够在两者之间找到彼此吻合的共同点吗？

如果你觉得自己已经找到一位或多位适合的骨干人选，接下来就把他们请进你的办公室，和他们讨论你的想法和计划，看看他们是否有同感。有些人喜欢安逸、有保障的工作，无意改变现状或往上爬；有些人对改变的态度比较积极，当你对他们解释你的计划时，他们马上就显得跃跃欲试。你的选择过程应该保持非正式的基调，目的是言谈之间透露这样的信息："我已经观察你的工作有一段时间了，我认为你拥有的一些实力显示你可能成为一个出色的老板。我愿意帮助你，反过来，我也能从你这里获得一些帮助。"

获得你青睐的入选者应该立即展开学习的历程，基于你对他工作的了解，必须清楚他在哪一个部分最需要帮忙，哪些工作又是最容易示范领导力的领域，还有这位入选者发展必要技巧，以及最需要下功夫和他人协助的地方又在哪里。

在这个调教的过程里，你可以采取正式的，也可以采取轻松的做法，时间长短任你决定，深入细节或是抓住原则，也都由你视情况而定。记住，你不是在举办一场比赛，看谁最先跑到领导线上。其实，你的任务是集合人员展开长途旅程，并在旅途中不断提供支援。

也许你很忙，调教人才所能做的毕竟有限，有时候你必须给部属更多自由，任由他们去进行工作；如果他们碰到问题，或是他们够敏锐的话，就会回来找你帮忙。你应该赋予他们以真正的责任和新的挑战，并且暗示他们在处理新问题时会遭遇到哪些危险与困难，接下来看看他们想出来的解决之策，你会感到非常惊讶。

切记，当你第一次授权给助手时，不能希望一定会成功。你不可以轻率地决定："好吧，既然第一次交给他一项大计划他就搞砸了，我们还是先喊暂停，检讨一番再说。”事实上，从错误中学习是无价之宝，在学习过程中最重要的是这个下属有没有从犯错中吸取教训，这意味着身为领导和考绩人的你，必须多花一点儿时间，才能得到最真切的观察结果。

等观察时期告一段落之后，就是你插手的时候了，你可以提供一些建议、做一些调整、给下属一些建设性的批评，或提供咨询，或是其他类似的矫正协助。唯有获得你的回馈，下属才可能学习和发展新的技能。他们需要了解哪些事情做得对，哪些做得不好。

这时候你的工作是为受训下属指引新的方向，并且协助他们解决训练过程中碰到的问题，你应该要表现出敏感度高、有人情味、机智练达的特质来。

你应该把目光放在大局上，将心力焦点集中在这位受训助手最终的成就与长远的收获上。再提醒一次，这时候你仍然要有极大的耐心，下属需要知道你不会在他们一出错时就出言责备，如此一来，如果他们真的犯了错，就会以更好的表现来证明他们并非不能做好，再给他们一次机会吧！

排在能力之前的是德商

德商，即指一个人的德性水平或道德人格品质。心理学认为，德商由7种基本美德组成，即同情、良心、自控、尊重、善良、宽容和公正，也可以将其概括为4个方面：宽容、诚信、感恩和责任。德商对企业领导者来说，是一种软实力。

中国自古有“得道者多助，失道者寡助，多助之至，天下顺之”的说法，那么如何“得道”呢？很显然，这取决于领导者的日常行为、品德，如果你没有可贵的品德，如果你是一个不受欢迎的人，就不能获得众人的拥戴，从而失道寡助。

良好的品德是一种人格魅力，更是一种积极的影响力，是领导者必备的一种涵养。只有具备良好品德的领导者，才会赢得下属钦佩，进而使其倾心拥戴。正如《淮南子·主术训》中所说：“非宽大无以兼覆，非慈厚无以怀众。”

德是领导者的管理之本，它是提升个人魅力，获取员工信任的关键所在。领导者具有高尚的品德，下属就会对他产生敬重感，就会从内心里拥护他，自觉地跟他走，他在下属中就有了较高的威信。人们常说的德高望重，就是这个意思。中国古语说“德不孤，必有邻”“道德不厚乾，不可以使民”，这些论述都启发我们，领导者若想获取威信、赢取人心，必须具备高尚的品德。

由此可见，领导者个人魅力的修炼，德字占先。以德服人才是大才能、大智慧。如果每天趾高气扬，对别人颐指气使，久而久之你就会成为一个失道寡助、不受人欢迎的异类。我们也很难想象，一个不会善待他人的人能够真正获得成功。

一个德商高的领导者，一定会受到下属的信任和尊敬，这样的领导者自然会有更多成功的机会。古今中外，一切真正的成功者，在道德上大都达到了很高的水平。很显然，对于企业和企业领导者的成功来说，比智商和情商等更重要的是德商。

培养中层管理者有技巧

培训方法的好坏，直接关系着培训的质量。如何培育人才，不能仅靠管理者的意愿，想怎样就怎样，必须让中层管理者能表现他的才华，并借此提高他的工作能力，以完成指定的工作目标。更重要的是，以更具效率的方式来培育人才，才是管理者网罗人才的重点。

1.理论培训

理论培训有助于提高受训者的理论水平，有助于他们了解某些管理理论最新的发展动态，有助于在实践中及时运用一些最新的管理理论和方法。

为了能够尽可能地理论联系实际，提高受训者解决实际问题的能力，我们可借鉴德国一些培训中心的做法。他们在对中层管理者进行培训时，实行一种称之为“篮子计划”的方法。即在学员学习理论的基础上，把一些企业中经常遇到并需要及时处理的问题，编成若干有针对性的具体问题，放在一个篮子里，由学员自抽自答，进行讨论，互相启发和补充，以提高对某一个问题的认识和处理能力。

2.设为副职

为了更为密切地观察受训者的工作情况，可以将其设为副职。这种副职常常以助理等头衔出现。有些副职是暂时性的，一旦完成培训任务，副职就被撤销，但有些副职则是长期性的。无论是长期的，还是临时的，担任副职对于接受培训的中层管理者来说都是很有益的。

这种方法可以使配有副职的中层管理者很好地起到教员的作用，通过委派受训者一些任务，并给予具体的帮助和指导，培养他们的工作能力。而对于受训者来说，这种方法又可以为他们提供实践机会，观摩和学习现职中层管理者分析问题、解决问题的能力和技巧。

3.提升

有计划地提升是常见的培训方式之一。它是按照计划好的途径，使中层管理者经过层层锻炼，从低层逐步提拔到高层。这种有计划地提升，不仅管理者知道，而且受训者本人也知道，因此不仅有利于上级对下属进行有目的的培养和观察，也有利于受训者积极地学习和掌握各种必备知识，为将来的工作打下较为扎实的基础。

当有人度假、生病或因长期出差而出现职务空缺时，组织便可以指定某个有培养前途的下级中层管理者代理其职务，这样，就可以使用临时提升的办法来考察并提高下属的能力。临时提升既是一种培养的方法，同时对组织来说也是一种方便。代理者在代理期间做出决策和承担全部职责时所取得的经验是很宝贵的。与此相反，如果他们只是挂名，不做决策，不真正进行管理，那么在此期间得到的锻炼是很有限的。

4.进行职务轮换

职务轮换是使受训者在组织内部不同部门的不同主管位置或非主管位置上轮流工作，以使其全面了解整个组织的不同的工作内容，得到各种不同的经验，为今后在较高层次上任职打好基础。职务轮换包括非主管工作的轮换、主管职位间的轮换等。

（1）非主管工作的轮换主要是在组织的第一线进行的。目的在于使受训者了解组织最基层的各类业务活动；了解这些活动的基本特点、基本过程；了解基层普通员工的工作情况和精神状态。这种轮换的时间一般不要求太长，参加轮换的人多为刚从组织外部招聘来的人员。

它的优点是通过轮换，中层管理者可以对组织内的各类业务活动有所了解，密切同其他成员的关系，为今后在岗位上从事管理工作打下一定的基础。缺点是这种方法在时间上不易掌握，时间长了费用太大，而且也会影响受训者的情绪；时间短了，犹如走马观花，不容易了解和把握各类业务活动的实质。

（2）主管职位间轮换是在组织内的同一层次上的不同部门的主管职务上进行的。这种轮换的目的是使将要提拔到较高层次的中层管理者，在不同的职务上根据各部门的不同特点，学习实际的管理经验。这种方法不要求中层干部对部门活动有很深的了解，而是强调全面管理技能的提高，使他们积累在不同管理部门的经验，以胜任较高层次上的管理工作。

这种轮换的优点是可以开阔中层管理者的视野，了解各部门的特点及其相互关系，培养其全面综合管理能力；同时，也可以从中考察他们的适应能力和实际的管理能力。缺点则是这种轮换会影响各个部门的相对稳定性。

（3）事先未规定的主管职务间轮换也是在同一层次内进行的，与前一种轮换的不同在于，它事先并未规定到哪个主管位置上轮换，也没有规定时间长短，而是根据受训中层管理者的具体情况，来决定其到哪个部门和时间的长短。

除了以上介绍的方法之外，还有许多具体的方法，例如辅导、研讨、参观考察、案例研究、深造培训等等。总之，组织各部门在具体的培训工作中，要因地制宜，根据自己的特点以及所培训人员的特点来选择合适的方法，使培训工作真正取得预期的成效。

不能重用的八类员工

有些员工不能重用。这些员工主要分为8种。

1.不忠诚

一个不忠诚的士兵如果在战场上遇到危险，往往会违背统帅的指挥而独立行动。同样，如果员工对企业不忠诚，就会处处为自己的利益着想而不顾企业的整体利益。对企业或公司不忠诚的员工，通常会有如下表现：遇到困难往后退，犯了错误不承认，看见便宜就想占，别人晋升就眼红，一天到晚想辞职……

试想一下，如果公司里的多数员工都是骑驴找马的不忠诚者，公司还会有理想的效益和发展壮大的可能吗？任何公司的老板都认同，他们提拔员工的一个重要标准，就是看员工是否忠诚。一个不忠诚的员工，是不可能得到老板或上司提拔的。

2.业务不精，表现平庸

天论从事什么职业都应该精通它。精通自己工作领域中的所有问题，业务掌握得比别人更熟练，才会有比别人更多的机会获得晋升和更长远的发展。而在职场中，恰恰就有很多业务不精、表现平庸的员工，每天都以混日子的态度在工作，他们不上进，不学习，自甘堕落，不敢改变自己，最终不仅得不到上级的提拔，甚至会因此被辞退。

3.怨天尤人，满腹牢骚

大多数老板认为，这种员工不仅惹是生非，而且会造成组织内彼此猜疑，影响团队建设。所以，要成为一个成熟的职场人士，必须克服爱发牢骚的毛病，停止计较过去的事，不要再对自己遭到的不公正待遇耿耿于怀。许多公司的老板深受抱怨和发牢骚者的困扰，有的员工会因此与老板争吵，使本来的好事情产生了坏结果。

4.暗中陷害他人

正所谓“明枪易躲，暗箭难防”，对于老板而言，那些来自“暗中”的消息，也往往容易迷惑人，也很“难防”。放“暗箭”是职场中最不能接受的行为，当别人发现某些员工喜欢放“暗箭”时，这支“暗箭”也将会射伤他自己。

职场中难免有暗中陷害别人的品行不端之人。办公室里因为这种人而乌烟瘴气、是非不断，严重影响员工合作和工作效率。

5.喜欢越权

老板对权限的看重，绝不仅仅是因为个人感情上的优势，还是管理的一种需要。富于现代领导意识的领导，都懂得如何授权，把本属于自己做的一些工作交给他认为值得信赖的下属去做。此时，作为下属，一定要认真备至，全力以赴，发挥自己的极限水平去做好。

替领导分担工作，排忧解难，是最及时，也是较难得的配合。但是，下属绝不能因它的难得而得意忘形，一不小心就超越了高于工作需要的权限，那将势必劳而无“功”。

在所有超越权限的行为中，最让老板难以接受的，莫过于在决策上的越位了。因为决策是一个老板最本质的工作，连这个权限也要超越的员工，无疑就是在“篡权夺位”。

6.不敢承担责任

工作就意味着责任，就意味着既要有干好工作的责任心，也要有承担风险的责任心，更要敢于在工作出现失败的时候，主动承担责任。工作中出现差错是常有的事，这总是与自己处事不当有关，不仅不可推卸责任，更不能说这是因为老板的指挥失误造成的。

当然，我们并不提倡为了晋升而替领导背黑锅的做法，该是谁的责任，就应该由谁来承担，这是天经地义的事情，关键问题是，如果是你的责任，你就不应该推脱。一旦犯了错误，先别急着为自己找借口，这只能断送自己的前程。因为错误已经成了事实，最大的原因就是你的失误，其他借口都是次要的。

7.时间观念淡薄

时间观念淡薄往往是严重影响正常工作和公司效益的一个重要原因。那些时间观念淡薄的员工上班迟到后，理由还很多，甚至觉得自己常常超时工作，迟到也是应该的。这就不仅仅是一个迟到的问题，而是一个人工作态度和观念的问题了。

8.缺乏团队精神

在任何一个团队中，都可能存在一些缺乏团队精神的员工。一个没有团队精神的员工，可能会使整个团队毁于一旦，所以害群之马只能被淘汰出局。

第四章

辨识具有“将帅之能”和“使用之能”的人才

识别人才的技巧

面试观察往往是遴选人才最直接、最有效的方法。美国国际管理顾问公司总裁马克·麦科马克重视创新、市场、人的因素，经营得法，他由500美元起家，最后成为亿万富翁。他在介绍观察人、了解人的方法时肯定地指出观察他人可以通过以下几个步骤来实现：

（1）倾听。听人讲话，并不仅只是听听他说些什么，而且还要观察他是怎么说的。人们没有说出来的言语中包含的意思常常比他说出来的更多。偶尔要使谈话停顿一下——短暂的沉默往往会使对方说出更多的话。

（2）观察。主要观察其精神状态。内心清明厚重，决定了他思维敏捷，大脑清醒，判断正确，以这样的条件去管理他人和处理问题，自然会事半功倍。

神清，是内心聪明智慧的表现。如果一清到底，光明而彻，这种人的命运、事业也就是好的。如果浑浊不明，内心的聪明智慧也没有多少，或许可以制造一点儿无聊的笑料，却不足以重用，这样的人就不足为论了。

（3）做好准备。准备和他人见面时或打电话给他人之前，先回想一下你过去对他的了解，并且想想看你想要他做出什么样的反应。也就是说根据你对他的了解，你应该怎么说或怎样做，才能达到你的目的。

（4）谨慎。你观察他人的时候，千万要谨慎。虽然你已经了解对方的作风，但绝不要告诉对方你觉得他不够老实可靠，即使你凭直觉已经看出他的做法可能不对，也不要指出来。如果你让对方知道你对他的了解，以后就不可能再有效地运用这种了解来影响他了。

（5）少讲。只要少讲话，就可以学到更多、听到更多，而且可以避免自己说错话。每个人都能够做到少表达主观意见，多提问题，倾听别人的答案。

（6）深入全面。通常人们相信首次印象，但是除非经过深思熟虑，否则不要轻易地建立首次印象。当别人给你留下印象时，不要随便作为信条加以肯定。

（7）超然态度。如果你能在一些热闹的商务场合中强迫自己保持超然，你的观察力就能大大提高。当别人在酒酣耳热之时，流露出来的本性，将比他在其他场合流露的要多得多。假如你也跟着一起凑热闹，不但观察不到什么人，反而也泄露了自己的本性。如果你能不受影响，自然也绝不会反应过度。这样一来你便成为控制者，而不会被别人控制。

招聘高管的三个关键

人力资源专家就企业如何面试高层管理者给出建议:

1.把握企业需求，做好角色定位

面试高管之前一定要明确企业需要什么样的人才，给他什么样的角色定位。知道了企业需要什么角色，缺少什么角色，才能找到我们真正需要的人。就像好多面试官提出他们在面试中最常见的问题就是看人不准、不深、不快，其中一点重要的原因就是没有搞清楚企业需要什么样的人，以人论人。

2.两步背景调查，避免人事风险

背景调查可分两步进行：面试前进行初步了解，面试后进行细致调查。通过初步了解，一方面可以帮助面试官确定面试时需要重点询问的关于应聘者工作业绩的“关键事件”，另一方面可以帮助面试官对应聘者的人品、能力有个基本判断。面试后的细致调查应在上岗前完成。根据调查结果，决定是否安排上岗，以免在上岗后再调查出问题，令公司和人力资源部进退两难。

3.深度沟通接触，描述企业现状

沟通要细致，面试官要在脑中呈现出一系列连续的行为图像，达到深度沟通。在问及应聘者以往业绩时，要追问出具体数字，不要泛泛而谈。在描述企业的真实情况时，不要片面，任何体系的建立都不是完美的，所应征岗位的具体问题也要真实地描述给应聘者，同时要多描述企业的愿景，尤其是中小企业，其实是要靠企业的愿景吸引人才和留住人才的。这样应聘者才能未雨绸缪，早做计划，解决企业的难题。

培养你的左膀右臂

管理者要想卓有成效地开展工作，就必须有得力的助手。因此，培养自己的左膀右臂就成了管理者的一项重要工作。只有培养出得力助手，管理者的各项工作才能顺手。

1.培养一个能弥补管理者弱点的人为右臂

能成为管理者右臂的人，必须与管理者的性格相投。好多人没有被人使唤或命令的体验，总为一点点小事动不动就发脾气，认为别人没有把他放在眼里；自以为应由他做主的事，如果没有经他允许就格外生气。因此，作为管理者右臂的助手，必须是能理解管理者感情变化的人，而管理者也能在某种程度上加以自控，相互让步，才能很好地配合。

2.培养一个能发挥管理者长处的人为左膀

成为管理者左膀的第一个条件是，能辅助管理者开拓经营最得意的领域。作为管理者右臂的人应能弥补经理的短处，而成为管理者左膀的人则是能辅助管理者发挥长处，或能代理管理者工作。管理者应将日常业务工作尽量委托给他干，自己腾出时间考虑公司将来的发展。所以，能成为管理者左膀的人，最好是能发挥管理者长处的人。

3.通过下达特命事项，了解候选干部的潜力

对候选人员，管理者应该亲自下达特命事项。通过下达特命事项，能了解候选人员的潜力。开始时管理者认为没有什么突出

能力的人，后来却崭露头角。相反，有些原来认为很优秀的人经过几次考验后，又觉得并不像想象的那样。也就是说，管理者对候选人员的任用应该慎重。

4.第一标准是忠实

管理者的“化身”，就职务来说，是在公司里担任要职的人。选拔“化身”的标准是什么呢？根据各公司的不同情况和管理者的不同想法，各有不同。但作为一般标准，多数都把“忠实”放在首位。

精英会在竞争中胜出

通过竞争选拔人才是现代管理中经常使用的方式，最常见的具体方法有考试竞赛法、任期目标法和实绩考评法。

1.考试竞赛法

考试在大面积发现和选拔人才方面，不失为一种比较奏效的方法，至今各国都普遍采用考试的办法发现人才。

2.任期目标法

就是在对下属任免过程中，通过目标管理的方法来鉴别下属才能和手段的优劣。这种方法类似“军令状”似的考核验收，它可以激发下属彼此竞争，互相比较，在竞争和比较中尽显优势。

3.实绩考评法

实绩考评法是管理者对下属的工作成绩和服务情况做定期的考核与评价，以鉴别优劣、挑选人才的一种方法。

考评实绩，既是检验“良马”的一种手段，同时也可以为下一次“赛马”提供可参照的依据和资料，使“赛马”的机制不断完善，不断改革和创新。

别让管理队伍断了链条

企业实施管理培训的形式多种多样，概括起来比较常见的有以下几种形式：

1.管理人才培养训练

实习主管（通常是大学毕业的中坚职员）的训练计划，又称为“管理人才培养训练”或“经营者（或管理者）训练计划”。使用这种方法的公司，常在有关企业经营的教学学习中、组织内各部门的工作检查中，让新员工实地参加这种正规的训练活动。

另外一个方法是尽早给他做出决定的机会。对于受训者而言，这是和公司一起成长所必经的过程，从中可培养自信。

2.管理训练

需要受训的不只限于一般作业员，即使是主管级人物或即将成为公司主管的预备人才，也必须学习如何与部下沟通的技巧。许多公司为了不在人际关系监督技术方面落伍，而以现任的主管为对象，实施管理训练计划。

这些训练计划应该让人事部来实施，或者让外面指导训练的专门咨询服务单位来策划。关于这个问题，有许多可以利用的影片、录音带、小手册及书籍。

许多公司除了实施公司内的训练计划外，也时常举办领导才能管理研习班，另外也有公司经由大学、同业组织联合会、职业团体、人事顾问等，开办研习班。

3.技能训练

许多工作变得越来越复杂，且因在工厂办公室内都得引入新的办公设备，为了使用新的办公设备，就得推行人才训练。

大部分的机械制造者为了让公司购买他的机器，会替公司举行技能训练，而公司本身亦因技术的过时及机械的导入，会让新进职员及旧职员受训。

4.经营者的培养

经营者的培养并不是一个复杂的训练过程，在这方面可运用的计划甚多。除了以晋升为前提而举办的训练计划之外，公司同时也可委托大学、同业组织联合会或顾问等外面的研习班来开办。

培养经营者的目的，主要是训练有希望的主管。它们并非只是训练他将来要如何帮助可能成为经营者的人，而是要训练如何使现任经营者的经营手腕精益求精，以及如何帮助他使用经营手腕，以达到最大效果。

经营者培养计划所使用的技巧，包括提出实际的问题来研究事例、提出解决对策与方案的检讨、实施实习，以及各种视听教育等。一部分企业使用更高明的技巧，以提出的事实作为基础，让他们施行一连串的意志决定，而其结果已事先用电脑程式设计决定加以分析，与之一比较，就可评估出经营指数。

此外，上司的个人指导也是培养经营者极重要的方法之一。无论哪个经营者，都应把如何训练自己内部的人当成己任。董事长（公司最高经营者）对此不仅应加以鼓励，且须要求相关人员非做到不可。若有具备晋升资格的部下，但没有好好训练他，则可能会在企业内引发严重的问题。经营者的培养是企业的生存之道，因此必须加以重视。

第五章

为适合的位置选择合适的人

让他去做他最擅长的事

用最合适的人胜过用最好的人，精明的企业管理者对待人才要做的就是将合适的人才放在合适的位置上。一天，庄子和他的学生在山上看见山中有一棵古木因为症结无用而免遭砍伐，于是庄子感叹说：“这棵树恰好因为它不成材而能享有天年。”

晚上，庄子和他的学生又到他的一位朋友家中做客。主人殷勤好客，吩咐家里的仆人说：“家里有两只雁，一只会叫，一只不会叫，将那一只不会叫的雁杀了来招待我们的客人。”

庄子的学生听了很疑惑，向庄子问道：“老师，山里的伤木因为无用而保存了下来，家里养的雁却因不会叫而丧命，我们该采取什么样的态度来对待这繁杂无序的社会呢？”

庄子回答说：“还是选择有用和无用之间吧，虽然这之间的分寸很难掌握，并且也不符合人生的规律，但已经可以避免许多争端而足以应付人世了。”世间并没有一成不变的准则。面对不同的事物，我们需要不同的评判标准，对于人才的管理尤其明显。一个对其他企业相当有用的人对自己的企业来说并不一定有用，而把一个看似无用的人摆正地方也许就能为你创造出你意想不到的收益。

聪明的领导人应该学会发现人才的优点，使得人尽其才，尽量避免人才浪费。

认准了就大胆使用

对人才而言，重要的不仅是善于识别其长处，而且要敢于大胆地使用。对人才多鼓励，少埋怨，多理解，少责备，充分授权，充分信任，才能调动人才的积极性、主动性，真正实现“谋者尽其职，勇者竭其力，仁者播其惠”的目标。

放胆引进人才，放手使用人才，知人善任，这也是世界优秀企业发展壮大的不二法门。

匹配才能创造高效益

优秀的企业管理者从来都不把人岗的匹配问题当作是小事情。企业管理者应采取正确的措施和手段对人力资源进行合理配置，合适的人工作在合适的岗位上，这将会使员工的工作绩效、工作满意度、出勤率等得到提升，从而提高组织的整体效能。

在用人的时候不仅要学会伯乐相马，选合适的人才进公司效力，更要擅长把优秀的人才放到合适的岗位上，发挥他应有的作用。不要“大材小用”，也不要“小材大用”，要量才而用。匹配才能使人才发挥最大价值，为企业创造更多绩效。但是，要想完美实现人岗匹配，首先要做的就是要了解工作的特性。只有了解工作的特性，才能在人才使用上有的放矢。

合适的人做合适的事

企业高层领导者有效发挥人才的价值，让合适的人做合适的事，是提高执行力的重要途径之一。

企业的人才有时就像企业生产产品所需要的材料一样，必须十分合适，如果所选的人才不合适，就无法满足企业的需要。让合适的人做合适的事，才能突出有效执行的能力，否则就很难达到目的。所以，企业在选聘人才时，应考虑其执行力是否与职位的要求相匹配；只有选聘适合职位要求的人才，才能为企业创造价值。

彼得斯曾指出：“雇用合适的员工是任何公司所能做的最重要的决定。”他把管理工作概括为：“让合适的人去做合适的事。”然而，如果你雇用了一些不合适的人，你就别指望他们能把该做的事做好了。

大部分企业高层管理者的成功，都在于他们能够让合适的人做合适的事，找到拥有执行能力的人。如何提高执行力，其关键的一点是企业高层管理者找到合适的人，并发挥其才能。执行的首要问题实际上是人的问题，因为最终是人在执行企业的策略，并形成企业的文化。

卓越的企业高层领导人所做的第一步不是决定去哪里，而是决定哪些人去。他们首先选合适的人上车，请不合适的人下车，然后将合适的人安排到合适的位置上。不管环境多么恶劣，他们都遵从这样的原则：首先是选人，然后才确定战略方向。

让合适的人做合适的事，远比开发一项新的战略更重要。这个宗旨适合于任何一个企业。执行的过程就等于下一盘棋，企业高层领导者要尽量发挥人才的资源优势和潜力，找到最合适的人，并把他放在最合适的位置上，把任务向他交代清晰，才可以做到最好。

选好副职才能做好正职

一个有作为的管理者，选好身边的副职是很重要的。

选择副职时，管理者首先必须明确所选择的副职不仅是自己的助手、执行者，更主要的是决策集体中的一员，他们必须明确每一个决策的背景、前途，积极参与决策。所选人才，一定要能发挥其优势，做到才职相称。

其次，由于是管理副职，因而要考虑本组织成员对该人才的接受程度（一般支持率必须到70%以上方可）。据有关研究表明，管理班子成员一般不能超过7人，否则将影响决策效果。

最后，管理者在选择副职时，一定要考虑所选人才与自己能否形成合理的主动结构。所谓主动结构，就是指管理者在决策集体的群众结构中，不仅处于中心位置，而且是动力源和神经中枢。管理者在集中集体智慧形成决策后，又能很灵活地启动各个副职去贯彻执行这项决策，使整个组织的全部机器良好地运转。

在具体的实际操作中，到底哪些人才可以进入选择范围呢？

通才型人才——该类人才知识面广博，基础深厚，善于出奇制胜、集思广益，有很强的综合、移植、创新能力，善于站在战略高度深谋远虑。当管理者本身不是这类通才时，一定要选拔通才为副职。

忠诚型人才——忠诚老实是中华民族的传统美德。忠诚型人才是任何时代、任何组织都欢迎的人才。对组织忠诚，这是一个成功管理者选择副职的必备条件。

竞争型人才——这种人才有能力，能在复杂多变的环境下独立地处理好公司的问题，面对困难敢于拼搏，无嫉妒之心，有“敢为天下先”的魄力与激情，不达目的绝不罢休，直至取得重大成就。但是这种人才的不屈不挠的斗志与咄咄逼人的锐气，容易给管理者造成心理压力，因此，这类人才常常成为某些心胸狭窄的管理者不予重用甚至贬斥的对象，他们也将比常人遭受更多的非议和委屈。作为一个英明的管理者，应该懂得这种人才是开创新局面、拓宽道路的最佳人选。当他们遇到各方面的困难时，要多给予他们关怀、爱护，并以一种豁达的心境主动与他们展开友谊的竞赛。

实干型人才——实干型人才是每一个管理班子中必须具有的人才。这类人才以埋头苦干、任劳任怨、高效率、高质量、高节奏而出名，是管理者身边不可或缺的人才。但是，这类人在大多数情况下缺乏自我保护的意识与能力，因此他们总为明枪暗箭所伤。作为一个有爱心的一把手，管理者要善于为他们保驾护航。

补充型人才——补充型人才最适合做管理者的副职。该类人才可以分为两类：一类是自然补充型，即他具有管理者所不具备的长处，进入班子后，便顺其自然地以其之长补管理者之短，强化了班子集体的优势。此类人才的获得主要在于管理者善于挑选。另一类是意识补充型，即他能自觉地意识到自己的地位、作用，善于领会管理者的意图，明白管理者的长处与短处，积极地以己之长去补管理者之短。

潜在型人才——这类人才以年轻人为主，他们充满朝气，敢为天下先，才华初露，但未成熟，其才能处于隐性阶段，需要经过一段时间的培养、实践、训练等，方能脱颖而出，担当大任。所以对这类人才，管理者要有长远眼光，要有关怀爱护之心。

用人篇

用其长，避其短

第六章

举荐贤人，提携成长

管理人员重于一切

管理人员开发常见的类型有以下几种。

1.在职开发

大多数管理人员的开发是在工作中进行的。放手让他们工作，在实践中积累经验，增长才干。他们可以对下级做实地考察，下级也可以反过来对他们评头品足。他们能够独立地显示出潜在的领导能力。

这种开发方式的优点有二：一是不会使替补训练的人员产生不切实际的奢望，二是不会打击那些未被推荐晋升的人的积极性。

这种开发方式的弊病有二：一是训练和开发不系统、不全面，也不严格，上一代人所掌握的知识难以有效地传授给下一代；二是这种非正式的在职训练昂贵、费时、效率不高，往往以工作的损失为代价。

除非是企业规模小或情况紧迫，否则企业一般不会只依赖于这种方式去开发管理人员。

2.替补训练

把一些工作较为出色的管理人员指定为替补训练者，除原有责任外，要求他们熟悉本部门上级的职责。一旦其上级离任，替补训练者即可按预先准备接替其工作。如果其他上级职位出现空缺，替补训练者也可填补。

这种方式的优点是：由于是为晋升做准备，因此其训练积极主动；在正式接任后，受训者可较快地适应新的工作。

这种方式有三个明显的缺点：第一，渴望晋升但又未被选为替补训练者的人可能感到自己前途渺茫，积极性下降；第二，已经等候不少时间的替补训练者可能变得垂头丧气，特别是当他们看到空缺被其他部门的替补训练者填补时更是如此；第三，某些上级唯恐被取而代之，不向可能的取代者传授他们的所有知识和技能。

3.短期学习

管理人员开发的一种流行方式是短期强化学习，即把管理人员集中数天乃至数月，按照明确规定的科目训练。企业可以将短训项目委托给专业协会、大学或专业公司举办，有能力的企业也可自办。

这种开发方式的突出优点是管理人员能全力以赴地进行学

习，学习有针对性、有深度，效果较好。其缺点是管理人员脱离工作一段时间，会对工作产生一些影响。

4.轮流任职计划

这种方式的基本做法是，安排主要的和有培养前途的管理人员轮流任职。通过轮流任职，可达到以下3个方面的目的：

（1）管理人员将逐渐学会按照管理的原则，从全局而不是某一职务方面来思考问题；

（2）帮助管理人员确定他们愿意进行管理的职务范围，同时也便于上级确认他们适合工作的岗位；

（3）企业的高级职务可以由对不同部门的问题有广泛了解的更有资格的人担任。

轮流任职的缺点是工作不够稳定。

高管开发的关键

一项针对12家大企业高层管理人员开发活动的调查结果表明，这12家企业对高层管理人员开发过程的有效和无效特征的看法高度一致，特别是75%以上的参加调查者都列出了5个主要的成功标准。这5个关键因素如下：

第一，最高经营管理者要广泛而直接地参与开发活动。12家企业都将CEO广泛而直接地参与作为高层管理人员开发计划成功“必不可少的”和“独一无二的、最重要的、决定性的”因素。这种广泛参与有助于保证企业的高级管理人员开发活动与其CEO所希望看到的企业发展方向保持一致。同时，它也能使这个活动具有以其他方式所不能取得的可靠性。

第二，企业要有清晰、便于理解的高层管理人员开发政策和哲学。换言之，就是应当围绕清晰的哲学和目的来开展高层管理人员开发活动。

第三，成功的高层管理人员开发政策和战略直接与企业的经营战略、目标及面临的挑战相联系。12家企业中有9家强调它们有意识地将高层管理人员开发政策及战略与企业的经营规划及目标联系起来。例如，海外业务发展计划、发展多种新生产线或合并生产业务等在管理、经营能力开发活动中都有反映。这种成功的计划都是围绕企业的规划来设计开发活动的。

第四，成功的高层管理人员开发活动包括3个主要因素：即每年的接班计划，有计划的在职开发活动，企业内部特定的经营管理教育计划附加选用的某些大学教学计划。被调查的企业一致强调指出，没有以上这3个组成因素，开发计划就不可能成功，而且这3个组成部分——接班计划、开发活动以及特制的教育计划三者不可分割，加在一起构成一个完整的高层管理人员开发过程。

在接班计划（关于可以让哪些人去替补哪些职务空缺的计划）方面，这些企业都开展了一些特殊的活动，这12家企业都重视人员安置计划并用它来有效管理关键职位和人员，不断确定开发需求（根据这些人员安置计划），制订并实施开发计划以满足这些开发需求，重视通过正式的年度性计划和评审阶段来评价每个候选人的进步，对企业的人员安置计划做出评估。

所有参与研究的企业一致认为，在职开发（即第二个组成部分）是企业可利用的独一无二的最有效的开发手段。最常用的4

种在职开发方式是：让人们以小组成员身份形成一个工作小组，就具体问题给予指导；为期1~2年的工作轮换；派往海外任职；安排任期较短的临时工作任务。

在第三个组成部分，即经营管理教育计划方面，这些企业都实施了一种企业外部大学教学计划与企业内部特定计划相结合的方式。虽然所有企业都选送员工去企业外学习，但这种方式成本高昂，令企业担忧。

第五，高层管理人员开发是业务管理部门的职责，而不是人力资源部门的职能。所有被调查的企业都认为人力资源部门极其重要，但只是参谋咨询部门。

具体来说，就是人力资源部门人员或培训工作人员是这种高层管理人员开发活动的促进者，是帮助业务管理人员考虑采用什么开发计划和活动以及如何利用这些计划和活动的参谋。而实现高层管理人员开发计划目标的实际职责，即为未来职位选择递补人员，或克服目前管理能力的不足等，则是业务管理部门和人员的职责。

让下属自己去解决问题

作为管理者，当下属遇到问题不能解决时，你不妨结合自己的经验告诉他们一些方法，这样会使你的下属对你感恩戴德。我们可以告诉他：“如果是我，我将这么做……你呢？”以类似的做法来指导下属，不但可保持自己的立场，也可将意见自然地传达给下属，下属甚至极可能会认为管理者是站在自己的立场上考虑问题。这样，管理者说服的目的便达到了。

假如管理者将自己的方法强加给下属，那么你的下属除了服从，将无所适从。另外，对下属而言，只要服从管理者的指示，自己根本不必费脑筋思考，反倒轻松。然而，事实上，管理者直接给出自己的方法，毕竟无法让下属真正学到工作的实际技巧。如果管理者能够指出多种方法，让下属自己有机会加以思考，下属一方面会认为管理者是给自己面子，另一方面则将提高他对上司的信赖感。

许多管理者为了提高工作效率，往往希望以最简单的方式将知识传达给下属，而不让下属自己去思考。如此将无法培养出优秀的下属。这一点，管理者必须提高警惕。

为人才提供施展空间

给员工足够的空间让其发展，会使员工充分发挥内在的潜力，从而提高工作效率。此外，它还能带给员工更完整的工作整体感，充实的责任感，以及对自我工作能力的肯定。这样，企业和个人就达到了双赢。

在企业的日常管理中，人们可以明显地感觉到，对一个员工来说，“我指示你怎样去做”与“我支持你怎样去做”，两者的效果是不同的。一个好的企业管理者，应善于启发员工自己出主意、想办法，善于支持员工的创造性建议，善于集中员工的智慧，把员工头脑中蕴藏的聪明才智挖掘出来，使人人开动脑筋，勇于创造。为此，要努力从以下几个方面做起：

第一，尊重下属。人人都有受人尊敬的需要。尊重下属，不仅表现在充分肯定其才能和待之以礼方面，关键在于尊重其意见，采纳其建议，使员工感到他们远远不只是机器上的一个齿轮，这有助于增强他们的自信心。

第二，爱护下属。要爱护下属的进取精神和独特见解，爱护他们的积极性和创造性。

第三，创造一种宽松的环境。比如信任员工，让他们参与管理。没有什么能比参与做出一项决定，更有助于满足人们对社交和受人尊重的需要了。因此，出色的管理者，应让员工参与制定目标和标准，这样他们会更加努力地工作，发挥出最大潜能。

把握有效培训的秘诀

多数人在学习中会遇到某种困难，有些人对问题理解得快，有些人则要花费很多的时间和精力。如果你正在培训新成员，不要指望在短期内就能见效。

有效培训的秘诀在于激励，只知道做什么和如何做的成员只了解事情的一部分，如果他们知道为什么要按规定的方式去做，那他们就能更好地被激励起来。

在培训过程中，管理者要注意避免一些常见的错误。你不要把培训当作装满窍门和秘诀的锦囊妙袋；不要强调提高成员的绩效或生产率；不要让最高决策层负责培训，因为这会使受训者缄口不语，会使他们感到紧张，延长培训时间。

同时，不要过快地灌输内容，使他们不能吸收。放慢速度，与成员接受和理解问题的能力保持一致。一个图示或一次示范抵得上千言万语。你是否曾打算告诉某人如何系活结领带？试试看！然后再向这个人示范如何系。哪一个更好？更容易？更快？

在培训员工时也要遵循同样的例子。当你向他们解释如何做和为什么做的同时，要向他们示范。并非人人都能学得像你一样快，因此，你必须给初学者消化吸收的时间。

放手让下属去做，允许失败，让下属自己去面对，这样放开限制，才能最大限度地发挥下属的才智。

第七章

合理搭配，力求周密

权衡优劣以求互补

世界上没有完人，一个人不可能做到面面俱到，即使我们日常所说的“全才”，也只是相对而言。任何人才作用的发挥，都离不开人才群体的整体效能。人才不是孤立存在的，因此，进行合理的优势组合，是发挥每一个人才应有作用、发挥团队最大效益的关键要素。

真正优秀的领导者，不仅要看到单个人才的能力和作用，更重要的是要组织一个结构合理的人才组合体，将不同类型的人才进行合理的搭配，并把他们放在最合适的位置上，相互启发，相互协作，形成一个有机的整体，通过这样合理的优势组合结构来弥补单个人才的不足之处，以求达到人才最佳效能的有效发挥。

建立互补型团队

哲人说："完美本是毒。"事事追求完美是一件"劳民伤财"的事情，尤其对于企业管理来说，这是执行中的大敌。很多管理者总是抱怨自已的手下能人太少，恨不得自已的下属个个都变成能杀能闯、能文能武、有勇有谋的"良将"。但中国有句古语：金无足赤，人无完人。世界上本就没有十全十美的人，又怎么能够要求拥有完美的员工？何况，完美型的员工属于"能人"，他们的特点是个人英雄主义，重个人，轻团队，最终会增加数倍的管理成本，而结果极可能是得到了一个并不满意的结果。

其实在企业管理中，管理者应该关注的不应是某个人的力量，而是团队的综合实力。在一个团队中，每个人都有他的长处，作为管理者，如果你能很好地掌握他们的特点和优势，把他们放到最能发挥其作用的位置上，你就会发现，你得到了一个完美的"互补型"团队，并且，你的工作变得卓有成效，你的员工对你尊重并拥护。

对于任何企业而言，建设"互补型"团队，对企业的发展非常重要。很多企业过分重视个人素质、经验和成就，但是却很少考虑到每一名员工都必须在团队中工作，他的能力、优势、性格能否与团队的其他成员构成一种互补关系。对于某一特定工作而言，是不可能找到最理想的人选的，因为这种人根本就不存在。那么次理想的人选是什么呢？那就是能充分发挥自身优势，并和别人的优势相互补充的人，这类型的人才组合能最大化地实现目标。

建设互动型团队

海尔集团在1998年把“建设互动的学习型团队”作为其工作方针的重要内容，以此为基础，致力于把整个公司转变成学习型组织。张瑞敏指出，互动是形势的需要，也是市场竞争的需要。

如果在十年前，海尔也许不会提出这样的要求，因为当时的管理基本上还处于无序状态，人员素质也远远达不到现在的水平。那时，企业必须用严格的制度去管理，而员工也只能被动接受。如今，海尔员工已基本上从被动接受管理走向自主管理，仅靠严格的管理制度已不能使员工有更大的提高。

同时，市场竞争也要求互动。计划经济条件下，企业好坏与个人没有直接的利害关系，而在市场经济条件下，企业安危直接关系个人利益。另外，海尔的目标是进入世界500强，创中国的世界名牌。只有全体海尔员工都认同这个目标，才能产生有活力的员工和有合力的组织，从而实现大家共同的目标。缺少了互动，是无法实现既定目标的。

有位哲人这样说过，如果你是天才，凭借自己的想象力，也许可以获得一定的财富；但如果你懂得让自己的想象力与他人的想象力结合，就必然会产生大得多的成就。哈佛大学长期研究团体管理学习行为的学者阿吉瑞斯一针见血地指出：“目前团体学习效果不大，是因为大部分的管理者害怕在团体中互相追根究底的质疑求真带来的威胁。”

建立绩优营销团队

组建营销团队的目的在于为企业带来高绩效，那么，怎样才能塑造出绩优的营销团队呢？大量的实践和研究表明，绩优营销团队应该具备以下特征。

（1）清晰的目标。绩优营销团队对于企业的市场目标有清楚的了解，并坚信这一目标包含着重大的意义和价值。而且，这种目标的重要性还激励着团队成员把个人目标升华到群体目标中去。在绩优营销团队中，成员愿意为团队目标做出承诺，清楚地知道团队希望他们做什么工作，以及怎样共同工作完成销售任务。

（2）相关的技能。绩优的营销团队是由一群有能力的营销人员组成的。他们具备实现理想营销目标所必需的特长和能力，而且相互之间有能够良好合作的个性品质，从而出色完成任务。后者尤其重要，但却常常被人们忽视。有较强业务能力的人并不一定有处理团队内部关系的高超技巧，绩优营销团队的成员则往往兼而有之。

（3）相互的信任。成员间相互信任是绩优营销团队的显著特征，也就是说，每个成员对其他人的品行和能力都深信不疑。我们在日常的人际关系中都能体会到，信任是相当脆弱的，它需要花大量的时间去培养而又很容易被破坏。所以，维持团队内成员间的相互信任，还需要引起营销主管足够的重视。

（4）一致的承诺。绩优营销团队成员对团队表现出高度的忠诚和承诺，为了能使群体获得成功，他们愿意去做任何事情。

我们把这种忠诚和奉献称为一致的承诺。对成功团队的研究发现，团队成员对他们的群体具有认同感，他们把自己属于该群体的身份看作是自我的一个重要方面。因此，一致的承诺特征表现为对团队目标的奉献精神，愿意为实现这个目标而发挥自己的最大潜能。

（5）良好的沟通。这是绩优营销团队一个必不可少的条件。团队成员通过畅通的渠道交换信息，包括各种言语和非言语信息。一名优秀的营销团队成员，个人必须学会与他人进行公开、坦诚的沟通，学会面对个体间的差异，学会把个人目标升华为团队的利益。

（6）恰当的领导。出色的营销主管能够让团队跟随自己共同度过最艰难的时期，因为他能为团队指明前途所在，他能向成员阐明变革的可能性，鼓舞团队成员的自信心，帮助他们更充分地了解自己的潜力。

（7）内外部支持。要成为绩优营销团队的最后一个必要条件就是它的支持环境。从内部条件来看，团队应拥有一个合理的基础结构。这包括：适当的培训，一套易于理解的用以评估营销人员总体绩效的测量系统以及一个起支持作用的人力资源系统。恰当的基础结构，能支持并强化成员行为以取得高绩效水平。从外部条件来看，营销团队还需得到企业管理层提供的完成工作所必需的各种资源。

绩优营销团队的建设方法

（1）人际法。人际法能够增强团队成员之间的相互了解。例如，帮助团队成员学会如何倾听，或者明白团队中其他成员过去的经历。其基本思想是：成员相互之间的个性了解越多，交流的能力就会越强，有助于人们更加容易地在一起工作。这将鼓励人们将其他成员看作“我们”，而不仅仅简单地把他们看作是与自己一起工作的人。

（2）角色定义法。这种建设团队的方法，主要将角色定义作为一项主要的任务来强调，目的是将每个成员的角色期望进行分类，将团队规范作为整体进行分类，将团队成员共有的责任进行分类。这意味着营销团队作为一个工作单位了解了自己。这就可能进行高效率的运作，因为每一位成员对于他们的位置、角色和职责都有了清晰的认识。

（3）价值取向法。这种方法也注重建立团队成员间的互相理解。但是，这里强调的重点是团队成员对于他们从事的营销工作所持的态度和价值观，而不是每个营销人员的个性或者他们在团队中担任的角色。

（4）团队任务法。这种方法的重点不在于营销团队成员是什么样子，而在于他们所拥有的营销技能如何对整体做出贡献。因此，这种方法将重点放在了不同的团队成员间的信息交换上，同时强调根据资源、营销方法和实践步骤对团队任务进行务实的分析。

让管理模式趋于完美

如果想让团队创造出良好的效益，就有必要对管理模式不断地做出修正，使其功能越来越完善。

以默契增进团队精神。作为团队管理者，管理好团队仅仅依赖自己的能力是远远不够的。光靠自己做事，会给团队成员留下独断专行的印象。一名优秀的管理者应运用团队协作，同心同德处理内部事物，增进团队精神。

一个真正的有效率的管理模式，会让团队看起来就像一个人一样，每一部分的配合与协调都自然随意，恰到好处。要做到这一点，管理者必须学会在团队成员中间培养默契，使其彼此能够愉快地合作。培养下属整体配合的团队默契，可以增进团队精神。完美的合作会产生巨大的力量。因此，培养成员相互依存、互相支援达成任务的观念，是团队领导者责无旁贷的重要职责。

让团队更加民主。团队应具有开放、坦诚的沟通气氛，使团队成员在其中感到很随意，在工作中能充分沟通意见，能经常从团队得到反馈，愿意倾听、接纳其他团队成员的意见，尤其是愿意把工作中出现的问题及时向管理者提出来，从而得到调整和解决，使工作进展更加顺利。

通过培养民主气氛，团队成员之间的关系将更加融洽，从而更好地配合团队管理。具体做法有：使所有团队成员都能获得充分的信息，对一切均有所了解；所有团队成员都充分参与团队的各项组织和决策活动；所有团队成员有同等发言权，他们的观点同等重要；在团队内部培养尊重不同观点的态度；认可团队内部不同的动机、价值观和意见。

让团队成员全力以赴。只有团队成员都乐于贡献自己的智慧和力量，全力投入团队工作，才能让团队运作成功。也就是说，唯有团队成员任劳任怨地付出，才能实现整个团队运作的持续改善，且有高品质结果的产出。而要完全做到这些，人力资源主管应鼓励团队成员自觉地将工作放在首位：要使团队成员愿意对团队的成败负共同责任，愿意相互协调合作，共同完成团队目标，且相信自己对这个团队及其他团队成员负有责任，对其被指派的工作负责。

使团队成员能始终保持活力与热情。团队运作过程往往冗长且常常遇到困难与挫折，唯有保持活力与热情方能使团队成员有效工作，这样可以使团队成员相处愉快，并享受成为团队一员的乐趣。鼓励团队成员不断地追求改善与进步，让团队成员能在团队工作中实现自我成长。

推行“参与管理”。现在很多的企业推行“参与管理”，管理者如果真的希望团队管理有成效，就应倾向于员工参与，因为这种做法能够切实满足“参与就受到尊重”的人性心理。成功团队的成员身上总是散发出挡不住的参与热情，他们积极主动，一逮到机会就参与。他们的无私奉献和热情建议不仅使团队的管理模式一步步趋向完美，更给企业创下了良好的收益。

玫琳凯化妆品公司创办人玫琳凯·艾施说过：“一位有效率的管理者会在计划的构思阶段，就让下属参与其事。我认为让员工参与对他们有直接影响的决策是很重要的，所以，我总是愿意冒时间损失的风险来这样做。如果你希望下属全然支持你，你就必须让他们参与，愈早愈好。”

亲自参与的成员永远会支持他们参与的事物，当大家的热情都投入到团队运作中来的时候，团队所汇总出来的力量绝对是无法想象的。

有效利用时间。彼得·德鲁克认为有效的管理者懂得让自己的团队学会集中利用时间。时间分割成许多小段，等于没有时间，所以时间管理的一个重要原则在于管理者将零碎时间集中起来，加以利用，使团队的绩效进一步提高。需指出的是，集中时间的目的是为了办大事、要事，如果把次要的事集中起来办理，这样的集中就没有太大的意义了。

创造学习的氛围。要想建立敏捷、具有生产效率的团队，唯一的方法是培养不断进取的员工队伍。重视进取的企业视学习为一种投资，他们不断鼓励和培养员工发展，其目的是提高企业自身能力及其成功率。这种企业往往会创造出有助于企业员工学习和发展的环境。

团队管理者必须倡导团队学习，它是提高团队成员互相配合、整体搭配与实现共同目标能力的主要途径。有不少实例表明，团队的集体智慧高于个人智慧之和，团队拥有整体搭配的行动能力。当团队真正地在学习的时候，不仅团队整体会产生出色的成果，个别成员成长的速度也比采用其他学习方式更快。

多数团队未能实现整体搭配，这是由管理模式的不合理造成的。在团队内部，个人可能格外努力，但他们的努力未能有效地转化为团队的力量，结果许多个人的力量被相互抵消掉了。当一个团队经过有效的学习之后，就会调整个别成员的力量，朝着共同的方向，而使成员之间力量的抵消或浪费减至最小，形成一种共鸣的综合效果。

就像凝聚成束的激光，而非分散的灯光。团队目标一致，拥有共同愿景，成员就会知道如何取长补短。因此，为团队创造学习的氛围，大力倡导团队学习就成了管理者改善管理模式，促进团队发展的必要的步骤。

第八章

人尽其才，注重扬长避短

建立人尽其才的机制

企业实现执行力的关键是需要建立一种协同个人贡献的机制，即“群体运行机制”。企业的管理者为了提高公司业绩和执行力，已经越来越重视人才的使用。但大量事实证明，单纯关注个体员工使用的管理者并不能保证一个组织高效运行。

保证人尽其才，这需要在合适的岗位安排合适的人才，并使这些人才协同一致，以此来提升团队的运行效率。

随着组织成员越来越多，协同一致就成了更大的挑战。为了分摊责任，公司往往会创建一种组织构架。建立这种构架时，也就是组织内部的社交互动发生改变的时候。通常，一个部门到另一个部门的信息流动会遇到障碍或者被歪曲。公司规模越大，人们分享信息、做出一致的决策和调整其优先业务的难度就越大。决策的速度变慢，执行力的优势就被削弱。因此，企业运行机制的最大意义是保证公司各项信息流动的便捷性、有效性和准确性，保证人尽其才。

用人所长是你的义务

德鲁克认为：卓有成效的管理者在聘用和提升有关人选时，考虑的是这个人能干些什么。他在做这种人事决策时，考虑的是如何充分发挥他们的长处，而不是他们的短处。

金无足赤，人无完人。任何人有其长处，就必有其短处。让员工充分发挥优点，就能给企业带来积极正面的影响，这既是一种管理策略，也是一种用人之道。管理者要知人善任、扬长避短、因材授职、使用得当，把每一个员工放在最适合他的岗位上。

对于如何用人之长，德鲁克认为，首先，要进行合理的职位设计。企业管理者应该知道，职位不是上帝或自然而然设立的，而是由非常容易犯错误的人来设计的。因此，在设计职位时，一定要非常谨慎，千万不能搞出一些“不可能完成任务”或“任何人都无法胜任”的职位来。企业管理者应该警醒的是，如果某项工作已连续使两三个人觉得无法胜任，而且这些人在以往的履历中都曾有过良好的表现，那么就应该认为这项工作是不可能做得好的，这样的职位就必须被重新设计。

其次，要确保每个职位既有很高的工作要求，又有较宽广的工作范围；它应该带有挑战性，能使员工充分发挥自己的优势和长处；它必须为员工提供足够的表现空间，使员工能将与任务有关的优势转化为重大的成果。

再次，管理者在用人时绝不能只看到职位的要求，应该着重考虑被用之人究竟有哪些长处。换句话说，在决定将某人安置到某个职位上之前，管理者早就对此人的优势进行了充分的考虑，而且在考虑时绝不会只局限于此一职位。

最后，卓有成效的管理者必须懂得，若想利用某人的长处，也必须能够容忍他的短处。

除了上述四点之外，德鲁克还提到了一个与长处无关的但极为重要的方面：人品。德鲁克说，正直的品格本身并不能创造价值，但如果缺乏正直和诚恳那就有可能会搞糟其他一切事情。所以在这种情况下，如果人品不好，长处或者短处都无从谈起。

工作考核时要因人而异

每个公司都要对员工的工作进行评估，微软对天才研究员的评估与对普通员工的评估有什么不一样吗？对于这个问题，微软研究院的负责人雷斯特说：

“在公司里，评估不同部门员工的标准都是不一样的。评估研究员，主要看他做研究的生产力有多高，比如发表文章的篇数、文章质量等。在每个专业领域，评估的标准主要是看大家对该领域的期望是什么，而被评估人又做得如何。”

在别的领域也是这样，比如说评估一个程序员的工作，并不是简单地看他写了多少行代码，而是要看代码本身的品质，以及该程序员与别人的合作情况，看看他是否对团队的工作有较大帮助。对于真正好的项目，如果需要其他方面的支持，研究院一定想办法满足；而如果项目本身没有意义，就要果断地予以终止。

满足下属的工作成就感

德鲁克说："要让人才从工作中获得比薪水更多的满足，他们尤其看重挑战。"德鲁克认为，现实生活中往往有一些人，他们只想享受工作的好处，拒绝承担工作的责任或不愿为工作付出，那么结果只能和自己的目标南辕北辙，永远也无法得到自己想要的成功和幸福。同时，也有这样的一群人：他们乐于追求工作的挑战，他们对工作成就感的追求重于对薪水及名誉的关注。

要想使下属高效工作，就要满足下属对工作成就感的追求。这是实现卓越管理必须遵守的一条重要法则。一般而言，越是优秀的人越喜欢接受挑战性的工作。因此，管理者要善于委派挑战性工作于最为优秀的人才，这样做不仅使人才易于获得成就感，也能使管理工作实现真正的高效。

第九章

授权守责，监控把关

管理者需要掌握的授权技巧

授权管理是科学管理中最重要的环节，也是管理方法与管理艺术最集中的体现。如果管理者运用得当，既可以使管理者减轻负担，提高工作效率，又可以培养锻炼干部，发现人才；反之，如果授权失当，管理者不仅会为纷繁杂乱的事务所困扰，增加工作负担，甚至节外生枝，惹出许多麻烦。作为管理者，授权必须讲究艺术，要掌握一定的授权技巧。

1.选对授权的对象

成败在人，选准授权的对象，关系着事业的前途。

2.善派任务，妥善分工

管理者如果能干，定能将下属的工作分配得极为妥当，激发下属的工作动力，避免下属有反抗的心理。上司要经常检查每个人负责的工作内容，适当地估计工作的质与量，以求分配合理。

应全面考虑完成某份工作所需的时间。若给员工加派其他工作，会先考虑员工本身工作进行的状况。

3.善于发出指令

管理者要全力以赴抓大事，大事就是全面的、根本性的问题。对于大事，管理者要抓准抓好，一抓到底，绝不能半途而废。一般说来，大事只占20%，您以100%的精力，处理好20%的事情，当然会轻松自如了！

4.要相信成员，还成员以工作自由

作为管理者，你必须让成员安排自己的计划，不用任何事情都由你过问，要允许成员犯错，鼓励成员敢于冒险。让成员拥有个人权限，其前提是你必须充分相信和认可他们。你给予他们的自由度越大，他们做出的事情就越成功。

5.重视副手

对于自己不懂之事，不如干脆授权某些副手全权处理。这样做，比明知自己不懂又不好意思说出来，让副手们去揣摩要好得多。

6.逐级授权

逐级授权技巧的成功与否，将关系到下属的工作士气。要是你希望利用有效的授权方式来让员工们个个斗志高昂，就应遵循一套科学的程序。

先决定何种性质的工作可以分配给下属。最好是一项比较长期的工作，而不是可以速战速决的。接下来就必须挑选合适的授权对象。当然，这主要取决于该项工作的性质。

找好人选之后，先核查一下他目前的工作量，衡量一下是否会使其工作量过重。和当事人做面对面的沟通，详细地解释这件工作的内容、重要性，以及为何要授权给他，并征求其意见；对当事人进行必要的训练，直到双方都满意为止。

经过和当事人沟通并征得当事人同意之后，要确立一套监控进度的程序。在赋予当事人该项责任的时候，也同时给予适度的权限。

7.选准授权事项

虽然有心授权，许多主管却无法准确地掌握授权的范围。大体而言，以下的这些工作可以考虑分配给部属去做：

可以提高部属办事能力的工作，比如收集某些统计数字、重新检查该部门的工作量、提出关于未来发展计划的建议等；必须是一件完整的工作，而且有明确的责任归属，如果只是要他们来掺和一下，对增强他们的成就感将毫无好处。

8.人尽其才

管理工作中的最大挑战之一是挑选适合当车的人去作车，适合当马的人去作马，适合当炮的人去作炮……并在适当时机发动进攻，让车横冲直撞，让炮隔山打虎……如果你想少做一点儿得不偿失的事情，那么，在上任之后，首先要花一些力气摸清情况，了解每个下级工作人员的特点，调动他们的积极性，根据每个人的实际能力，安排适合他们的工作，做到人尽其才。

授权过程中监控要到位

真正的授权是指“放手但不放弃，支持但不放纵，指导但不干预”。监督监控其实是对授权的度的平衡与把握，在给予足够权力的基础上，强调责任，将监督、监控做到位，授权的效果才会实现最大化。

真正的授权就是让员工放手工作，但是放手绝不等于放弃控制和监督。不论是领导者还是员工，绝不能把控制看作是消极行为，而是应该正确认清它的积极意义。控制员工和向员工授权，两者密切相连、相辅相成。没有授权，就不能充分发挥员工的主动性；没有对员工的控制，则不能保证员工的主动性一直向着有利于整体目标的正确方向发展。

放权有利于员工潜能开发

在工作中，有的管理者为了管理好员工，让他们按照自己的意图去做事，就对员工的一举一动都横加干涉，企图让员工完完全全地按照自己的思维意识去工作，殊不知这样严重地影响了员工的主动性和创造性，即使能够保证完成任务，但是却大大压抑了员工的思想意识，束缚住了员工的手脚，最后造成员工工作压力加大或人才流失。

其实，不管你从事什么行业，想要成功，管理者都必须创造一种使员工能有效工作的环境。作为一名管理者，要正确地利用员工的力量，充分地相信自己的员工，给予他们充分的创造性条件，让员工感觉到领导对他的信任。士为知己者死，一个员工一旦被委以重任，必定会产生责任感，为了让领导相信自己的才干和能力去努力达到目标。

所以，作为一名管理者，只要能掌握方向，提出基本方针即可。至于细节问题，则应该让员工放手去干。这样不仅员工的潜可能得到自由发挥，而且员工还能感到管理者对他的信任，从而达到更加显著的效果，使他们为公司做出更大的贡献。

麦斐逊的放手让员工以自己的方式保证了生产率的增长。他曾经一针见血地指出："高级领导者的效率只是一个根本的标志，其效率的高低，直接与基层员工有关。基层员工本身就有讲求效率的愿望，领导要放手让员工去做。"管理者的授权可以营造出一种信任，让企业的组织结构扁平化，更能促进企业全系统范围内有效的沟通。权力的下放可以使员工相信，他们正处在企业的中心而不是外围，他们会觉得自己在为企业的成功做出贡献，积极性会空前高涨。

得到授权的员工知道，他们所做的一切都是有意义、有价值的。这样会激发员工的潜能，使他们表现出决断力，勇于承担责任并在一种积极向上的氛围中工作。在这样愉悦、上进的氛围中，员工不需要通过层层的审批就可以采取行动，参与的主动性就增强了，企业的目标会很快得以实现。

适时调整集权与分权的结合点

企业经营管理权限的分配方式分为集权和分权两种。集权是指把企业的经营管理权限较多地集中在企业上层的一种形式。集权的特点是经营决策权大多数握在企业高层领导手里，他们对下级的控制较多。而所谓的分权是指把企业的经营管理权适当地分散在企业中下层。它的特点是上级的控制较少，使中下层有较多的决策权。

集权更便于管理，但高度的集权会导致权力欲望的高度膨胀，最终导致盲目崇拜。分权可以有效地分散权力，使权力不会过于集中，而且更有利于民主化，但是不便于管理，会有很多漏洞。

权力是一把双刃剑，不管是采取集权还是分权，企业都应该有相应的管理工具和方法与它相配套，尤其是在分权的过程中，制度约束和文化平衡是一种重要的保障。不恰当的集权与不恰当的分权，都会对企业造成严重的伤害。只有控制住大的风险，才能达到集权和分权的相对平衡。总的来说，领导者应该谨慎从事，采用逐步缓慢放权的“渐进”方法，在放权的过程里，根据反馈信息及时调整偏差，合理地逐步放权，而不要急于立竿见影。

在企业操作中，企业要考虑的影响因素实际上是很复杂的。方法、理论、原则只是一种参考和指导，集权与分权是一种科学，更是一种艺术，正所谓“运用之妙，存乎一心”，只有适时调整集权和分权的结合点，才能做到“统而不死，放而不乱”。也只有这样，才能服务于业务的发展，才能创造价值。

管好财务人员比管理数据更重要

财务管理是一项重要的经济管理工作，是企业管理的重要组成部分，在提高企业经济效益中担负着重要责任。财务工作管理对象特殊，财务人员必须具备较高的政治素质和业务素质。作为企业财管部门的管理者，应对本部门财务人员的自身素质了如指掌。包括财务人员的出身、家庭背景、职称、兴趣、学历、经历等。只有了解了员工的情况，才可能因才适岗，实行科学管理，从而更好地发挥财务人员的积极性，更好地指导财务人员完成本职工作。

企业管理者要加强会计队伍的建设。首先，应该注重培养和选拔既有专业知识又善于管理的年轻人才。会计人员必须具备必要的专业知识和专业技能。其次，注意培养财务人员良好的职业道德。《会计基础工作规范》关于会计人员职业道德的规定是：敬业爱岗，熟悉法规，依法办事，客观公正，搞好服务，保守机密。最后，要增强财务人员的法制观念，这既是对会计人员行为的规范，也是对单位负责人不正当干预财务工作的约束，为开展正常的财务工作创造良好的法制环境。

在保证管好财务人员的同时，更要求企业管理者管好企业数据，因为公司的财务数据属于企业重大商业机密，如被竞争对手获取，将会造成重大损失。对于企业来说，怎样加强商业秘密的保护措施，以使泄密的概率最大程度上减少，是必须认真面对和思考的问题。

通过企业的财务数据可以分析掌握公司的动态，预测公司将来的发展情况，知道公司将来会有什么大事发生。企业的财务数据不同于专利权、著作权，它不光靠外在法律的强制和保护，还要靠企业自身内在的保密程度。如果仅从企业人力资源管理的角度，加强企业商业秘密数据的保护，企业就必须通过和员工签订保密协议，或者在聘用合同中附加保密条款，通过这些书面方式，对员工的保密义务进行制约和监督。只有财务数据获得了长久保密，企业和企业之间竞争的秩序才能得到维持，企业才能保持诚信度，保证在竞争中处于优势。

第十章

管人有术，不同人用不同方法

搞定难缠的下属

管理者不得不正视一个现实，在下属之中，忠心而且努力工作的虽然是大多数，但是，总有那么一些人，成了最难管教的一群。用“调皮捣蛋”“令人头痛”这样一些词语来形容他们都不为过。他们花费了上司很大一部分精力，拖慢了很大一部分人的工作效率，“搞定他们”是管理者必做的功课。

调皮捣蛋的下属虽然是个别现象，但是如果处理不好，他们就会像传染病一样四散蔓延，问题会变得越来越严重，坏风气有可能腐蚀整个团队。因此，捣蛋的下属即使是个别现象，也有必要予以重视，切记不能放任自流。

对于难缠的下属，管理者不能完全运用压服的办法。一般来说，对不同的员工存在的问题，上司要采取不同的做法。对那些故意窝工、怠工、工作效率低的员工，管理者可将工作定额、工作量与奖金挂钩；对偷工减料、贪小便宜、挖墙脚，用监督与奖惩相结合的办法。

如果管理者高效率地搞定几位难缠的员工，将有效地提高自己的管理水平，提高团队战斗力，完成任务达到目标。

削去员工的“刺”

有些下属，本事不大，牢骚不少，对自己的能力认识不清，总是觉得给别人做下属屈才，不仅影响了领导的工作，更重要的是对工作环境造成了影响。这样的人，给他出个难题，让他在众人面前显示自己的“才能”，就能够封住他的嘴巴。给他一些难题，使他有自知之明，再辅以教育，会彻底解决他的自以为了不起的心态。

对待“刺头”员工，还有一种更高明的办法，即“一物降一物”。所谓一物降一物，就是利用下属的缺点、毛病来制服下属，或者利用下属之间的矛盾，就能达到控制下属的目的。

这种方法，不仅可以省去管理者不少精力和时间，而且可以彻底制服这些下属，化害为“利”，充分利用这些特殊下属为自己服务。“一物降一物”，驾驭“刺头”下属常见的手段有：

（1）以严治“恶人”。某下属品行恶劣，不服管教，谁也制服不了他。领导特意将他交给一个以严著称的管理者领导，没用多少时间，该下属就变老实了。

（2）以懒人治懒人。张三办事不勤快，爱动嘴，不动手；李四干活节奏慢，干一天，歇半天。领导干脆将他们搁在同一个科室里，给他们规定下各项硬指标，并且指定由李四“管”张三。这样一来，他们谁也依靠不了谁，完不成任务都得受罚，没用领导费嘴，他们都变“勤快”了。

（3）以能人治能人。李四才华出众，傲气十足，经常顶撞领导；王五知识渊博，能力非凡，经常在领导面前发表不敬之词。于是，就让他们都不能直接和领导打交道，将他们都交给精明强干、足智多谋的领导管理。

（4）以贪人治贪人。甲圆滑，待人处事爱占小便宜，从不愿吃亏；乙也是如此。领导故意将他俩安排在一起，指定甲管理乙；由于两人都有同样的毛病，谁也不愿意吃亏，但也很难再做到事事都占便宜。时间长了，两人便达成默契，双方利益均摊，谁也不占谁的光。通过这种方法，限制了甲和乙的“危害性”。

上述手段，在运用时，只要适宜、对路，一般都能制伏“刺头”下属。

与狂傲者和谐相处

有的下属仗着自己才高，就目空一切，恃才傲物。谁都看不起，包括自己的领导。但他又有一手好技术或绝活，团队离不开他。因此，领导者掌握这种下属的个性并学会与之和谐相处，是非常有必要的。

身为领导者必须拥有一颗宽容的心。时刻保持冷静，以宽容的态度对待那名不把你放在眼里的下属，不仅仅是为了在他人眼中更进一步地树立自己成熟稳健的形象，而且你的做法本身也是对他的一种教育。

（1）用其所长，切忌压制打击或排挤。恃才狂傲之人，大都有一技之长，否则，就没人买他的账了。因此，领导者在看到他不好的一面时，一定要耐心地与他相处，要视其所长而给予任用，绝不能因一时看不惯，就采取压制的办法，把他搁在一边不予以重用。

这样，只会让其产生一种越压越不服气的逆反心理，在需要用他的时候，他就可能故意拆你的台。因此，领导者每碰到这种人，就要想想刘备为求人才三顾茅庐的故事，毕竟你是为整个集体的利益，而不是为你个人的利益在求他、和他接触，因此，在这种人面前即使屈尊一下也不算掉价。

（2）用其短挫其傲。狂傲之人虽然在某些方面某个领域内才能出众，但他仍有他的不足和缺陷。因此，领导者也可利用这点来让他自己看到自己的不足，以自我反省，消除自己的傲气。譬如，领导安排一两件做起来比较吃力估计完不成的工作让他做，并事先故意鼓励他：好好做就行，失败也没关系的。如果他在限定的时间内做不出，领导仍然安慰他，那么，他就一定会意识到自己先前的狂妄是错误的，并会从此改正。

（3）要敢担担子，以大度容傲才。这种人什么工作都不放在眼里，即使再重要、再紧迫的事情，他们也会表现得漫不经心。所以，常常会因其疏忽大意而误事。作为上司切不可落井下石，一推了之，要勇敢站出来替部下担担子，使他感到大祸即将临头，领导一言解危。日后，他在你的面前再不会傲慢无礼，甚至会对你言听计从。

让知识型员工自我管理

知识型员工具有以下特点：

（1）自主性。知识型员工不再是组织这个大机器的一颗螺丝钉，而是富有活力的细胞体。与流水线上的操作工人被动地适应设备运转相反，知识型员工更倾向于拥有一个自主的工作环境，他们不仅不愿意受制于环境，甚至无法忍受上司的遥控指挥，而更强调工作中的自我引导。这种自主性也表现在工作场所、工作时间方面的灵活性以及宽松的组织气氛要求。

（2）劳动具有创造性。知识型员工从事的不是简单重复性的工作，而是在易变和不完全确定的环境中充分发挥个人的资历和灵感，应对各种可能发生的情况，推动技术的进步，不断使产品和设备得以更新。

（3）劳动过程很难监控。知识型员工的工作主要是思维活动，依靠大脑而非肌肉，劳动过程往往是无形的，而且可能发生在每时每刻和任何场所。加之工作并没有确定的流程和步骤，其他人很难知道应该怎样做，固定的劳动规则并不存在。因此，对劳动过程的监控既没意义，也不可能。

（4）劳动成果难以衡量。在知识型企业，员工一般并不独立工作，他们往往组成工作团队。因此，劳动成果多是团队全体智慧和努力的结晶，这给衡量个人的绩效带来了困难，因为分割难以进行。除此之外，成果本身有时也是很难度量的。比如，一个市场营销人员的业绩就难以量化，原因不仅在于营销效果的滞后性，也在于影响营销业绩因素的多样性。

（5）较强的成就动机。与一般员工相比，知识型员工更在意自身价值的实现，并强烈期望得到社会的认可。他们并不满足于被动地完成一般性事务，而是尽力追求完美的结果。因此，他们更热衷于具有挑战性的工作，把攻关克难看作一种乐趣，一种体现自我价值的方式。

（6）蔑视权威。专业技术的发展和信息传输渠道的多样化改变了组织的权力结构，职位并不是决定权力有无的唯一因素。知识型工作者由于具有某种特殊技能，往往可以对其上司、同事和下属产生影响。自己在某一方面的特长和知识本身的不完善使得知识型员工并不崇尚任何权威，如果有的话，那就是他自己。

（7）流动意愿强。知识经济对传统的雇佣关系提出了新的挑战，“资本雇佣劳动”这个定律开始受到质疑。因为在知识经济时代，资本不再是稀缺经济要素，知识取代了它的位置。长期保持雇佣关系的可能性降低了。

在知识经济时代，作为管理者，必须深入反思和转型，因为管理对象已发生了巨大变化，管理手段就必须跟进。对知识型工作者的管理，必须建立在人本主义的基础上，他们更需要管理者关注，更需要管理者以一种平等的、友善的态度去交流和沟通，对知识型工作者的管理，将会引起一场管理革命。如果你注意微软或者谷歌，你就会发现，他们的管理模式逐渐变得更加生活化，更加贴近人性，更加符合人的需要，而这一切，在不久的将来，会成为大多数公司普遍的管理模式。

巧妙对付谄媚者

讨好型人格的人在社会各行各业中都可以找到，这类人有一个基本特征：永不反对或驳斥上司的指示。无论在什么场合（私人聚会或公开会议上），谄媚的人只会做一种动作——点头同意上司说的每一句话。在他们心里，只相信一个真理：同意上司会令上司对他有好感，而反驳上司的人只会给自己造成不必要的麻烦。

爱谄媚的人总会有这样的念头：许多上司虽然口口声声表示自己很民主开放，乐于听取各方面的批评或意见，其实最讨厌下属指出他们的不是，因为这无形中损伤了他们的权威。实际上，绝大多数上司都喜欢下属赞成自己的提议或想法。既然事实如此，那又何必下那么多无谓的功夫，索性从一开始就点头到底好了。

爱谄媚的人不断找寻一位强有力的上司去保护他们，至于个人尊严，早已丢在九霄云外。他们最大的目标，就是使本身的“靠山”高兴，其他一切都不管。除非上司头脑发昏，否则他绝不会培植爱谄媚的人做自己的接班人。因为这类人除了懂得“拍马屁”之外，根本就缺乏主见，一无可取之处。主管利用他们来替自己办些私人琐事倒是相当理想的，在这方面，他们定能办得妥妥帖帖。

这类人之所以能够在公司生存，乃是由于他们奉承有术，才能风光一时。对付这类人，最适当的方法便是降他们级或调他们到另一部门工作。

用恰当的话消解下属的怨气

由于种种原因，你的下属可能满怀怨气，那么，身为领导，如何说话，才能让下属消解心中的怨气，而又不失自己作为上司的尊严与威信呢?

1.主动自责

谁都有犯错的时候，不要以为自己是领导，就高高在上，当自己说错话、办错事时不妨主动承认自己的错误，只有这样才能让员工消解怨气，让自己树立威信。

当下属因为你过激的批评而心怀怨气时，能主动找到下属，做真诚的自我批评，实际上就是传达一种体贴和慰藉，责的是自己，慰的是下属。这有利于在对方本已紧凑的心理空间上辟出一块“缓冲地带”，让命令得以执行，工作能够顺利地开展下去。

2.晓以利害

作为上司，应该明智地对员工做一番权衡利弊的分析，只有让他们觉得你的决定真正有利于他们切身利益的时候，他们才会真心地消除不满，转而支持你的工作。

3.抓住实质

当下属心怀怨气的时候，单纯劝导难以起到真正的作用，只有把他们心中的“怨结”打开，才能让他们豁然开朗。而打开“怨结”的关键就是抓住令他们生气的问题的实质，带领他们走出思想的误区。

第十一章

赞美批评，管理中的褒贬艺术

挖掘优点并加以赞赏

赞美是最有效的激励手段之一，同样可以运用在管理中，达到激励的最佳效果。心理学家威廉姆·杰尔士说：“人性最深切的需求就是渴望别人的欣赏。”优秀的管理者要巧妙运用赞美激励你的员工。管理者希望下属具有怎样的优点，就要怎样去赞美他。

赞美能够使员工树立自信、提高工作热情，并且可以进一步提高工作效率。作为管理者，对于这种不需要成本而效果明显的激励“武器”，为什么不经常使用呢？

管理者要学会多对自己的员工表达认可和欣赏。但赞美方式不恰当就成了变相批评，甚至有时候比批评还让人难受。赞美也是有技巧的。

首先，赞美要及时。一旦发现员工的优点或员工取得了成绩，立即赞美他，为他打气，过时的赞美无效。宝马首席执行官赫尔穆特·庞克每次与管理人员谈话时都会问："今天，你表扬员工没有?"他说，表扬应该"现在进行，不要因为有急事而改为明天"，并且要结合具体事情赞美你的员工；表扬时要有感情，语气要诚恳，可以拍拍员工的肩膀或者给他一个加油的手势。管理者可以在每天下班前，抽出几分钟时间写个便条对表现好的员工表示赞美。

其次，要公开赞美。要尽量以公开的方式对优秀的员工进行表扬。优秀的管理者总是善于在表扬中一箭双雕：既鼓励了先进，又鞭策了后进。因为对先进者的表扬，也就意味着对后进者的批评。由于这种批评间接地起到一种引导与鞭策的作用，往往比直接的批评更有说服力，更有利于激发后进者的内在动力。

最后，赞美要注意真诚和客观。表扬要实事求是、客观公正，管理者要发自内心地赞美，语言、表情要严肃认真，不能给人造成虚假做作、漫不经心的感觉。如果一边看报、喝茶，一边说几句赞美的话，即使再动听的语言，员工听着也不舒服，只会以为你是讽刺他或敷衍他。

批评要有技巧

俗话说，金无足赤，人无完人。任何人都有犯错误的时候，作为重要的管理手段之一，批评的最大作用在于纠正下属的错误，使其保持正确的做法和行为，并寻找最佳的工作方式。从管理效果的角度来说，批评的唯一功能是使下属在下次同样的场景中避免错误，表现更好。

为了实现这个功能，这就需要管理者在出言批评下属前，先做好调查工作，比如要充分了解下属犯错误的原因和过程，错误的严重程度和最坏结果。一般的经验是，对情况了解得越透彻，批评时就越能切中要害。这就要求管理者不要对下属滥加批评，或是一看到表面现象就冲动论断，否则只会让批评效果适得其反。

另外，管理者在批评之前要弄明白批评的目的。做任何事情都需要目的，批评也不例外。很多人往往把批评单一地看作是对下属既往行为的意见和指正，事实上，批评是管理的一个环节，通过批评能够使下属知道领导的意见，更为重要的是，要通过批评使下属知道未来应该怎么办，只有这样，才能在未来做得更好。

在实施批评的过程中，管理者首先要做的事情是肯定他所做的事情中的好的部分。也就是说，在批评之前先进行表扬和肯定。美国著名企业家玫琳凯采取了“先表扬，后批评，再表扬”的做法，比方说，有人某件事情做得不够好，大多数情况下，直接批评的话效果一定不好，而是要先使用赞美，然后使用小小的批评，最后再去赞美。

其次要明确、直接和客观地指出他的不足或错误。管理者在批评员工时一定要尊重客观事实，我们批评的是错误的行为，而不是对方本人，请记住批评应对事不对人。批评要尽可能以友好的方式，结束时管理者可以对此进行鼓励或提出希望，微笑着说“我相信你会做得更好”，或者“我期待看到你在工作上有更出色的表现”等。

批评的功能是促使下属进步，所以在实施批评的过程中要注意对人的培养。成长性是个人在组织中追求的一个目标。教他并且让他成长，能够得到对他的最大激励。这种境界的提高，往往能够消除他受到批评以后的不良情绪，反而让他动力更足。

管理者切记不要将批评当作个人情绪的发泄渠道。如果仅仅是不满情绪的发泄，那么这个批评的实施将会毫无意义。因为你不能通过批评得到什么，反而会不利于将来工作的开展。在批评手下的时候，一定要明白，下属本来就不如你。他们可能在某些方面比你出色，但从整体来说，还是比不上你，比如资源和经验不足等。在批评实施过程中，要对下属的错误有所宽容，并不是任何错误都需要严厉批评。

管理者应掌握的四大批评技巧是：

（1）批评要秘密进行。当众批评会增加他的心理负担。正确的做法是和他单独交谈，让他体会到管理者对他的关怀，进而使他愿意正视自己的问题与错误。但并不是所有的批评都要秘密进行，当一个错误出现，而别人在未来工作中有极大可能重复犯错时，就需要公开批评，以示警示。

（2）批评要直接。管理者常见的批评误区是力求自己的批评之词尽可能委婉。许多管理者因为担心被员工视为尖酸刻薄的主管，因而在批评员工时，总会再三斟酌用词，希望让批评的话语减弱杀伤力。事实上正是因为用词足够委婉，批评的效果才大打折扣。有效的做法是就实际情况提出具体而正确的做法。

（3）批评要当面。人后不说闲话，批评也是如此，对下属的批评，一定要当面指出。这样管理者的意见和态度，才能让下属非常清楚地了解，同时也有助于彼此交换意见。如果在背后进行批评，很容易引起误解，不仅有损自身的领导形象，而且还会激发新的矛盾。

（4）批评时要恰当用词。恰当用词表现在两个方面：一是不要使用戏谑言辞，管理者以严肃的态度做出批评时，反而较容易为员工所接受。如果管理者以戏谑的口吻，很容易会被下属误解为讽刺；二是不要冷言冷语地批评，管理者不要讽刺挖苦、污辱人格或骂人，也不能嘲笑对方的生理缺陷，否则批评不仅没有成效，反而会适得其反。

赞誉方式要富于变化

每个下属都希望得到管理者的表扬，因为这就意味着自己的工作受到了肯定，也说明自己在管理者心中有一定的地位。同样，管理者也要不断地通过表扬与赞美下属，使他们有一种成就感。但是，也并不是所有的表扬与赞誉都能赢得好的效果，事实上，不加注意、随意地表扬或赞美往往还不如不表扬。

1.不轻易表扬

赞美本身虽是好意，但如果经常予以不痛不痒的赞美，对方在习以为常之后，便不再心存感激了。所以，如果当事者本人不认为值得赞美而你却予以赞美时，他就不会心存感激，即使你是真心诚意要赞美，也得不到预期的效果。

2.挖掘下属的优点

管理者要有挖掘这些一般下属优点的眼光，如果管理者能够在日常的工作事务中发掘出他们的优点并予以哪怕是口头的表扬，就可能改变很多人，使他们的潜能被大大地激发出来。

3.及时奖励

当下属们在业务和工作上取得了成绩的时候，要及时鼓励，这对于受鼓励者是至关重要的，因为他会觉得，管理者在时刻关心着自己。

4.在第三人面前进行赞美

赞美若是通过第三者传达，效果便截然不同了。此时，当事者必认为那是认真的赞美，毫不虚伪，于是往往真诚地接受，并为之感激不已。当然在深受鼓励之后，这位属下一定会更加努力，其结果自是可想而知的。

5.不看地位高低

地位高的人所创造的价值，从绝对值来说，一般比地位低的人要大，但那是他职务上的本分，也就是说这是他工作中应做的事，若不能出众，是没有必要褒奖的。“酬劳就在薪金之中”，某些企业奉行的这句口号，正说明了这样一种关系。

因此，我们鼓励论功行赏。论功行赏，就是鼓励每个部件都发挥出最好的作用，最终求得整个机器的高效率运转。若失去论功行赏的本质，而只留下地位的竞争，其结果是不难想象的。

6.巧用暗奖手段

明奖的好处在于可树立榜样，激发大多数人的上进心。但它也有缺点，由于大家评奖，面子上过不去，于是最后轮流得奖，奖金也成“大锅饭”了。同时，由于当众发奖容易产生嫉妒，为了平息嫉妒，得奖者就要按惯例请客，有时不但没有多得，反而会倒贴，最后使奖金失去了吸引力。

许多国际化企业大多实行暗奖，老板认为谁工作积极，就在工资袋里加钱或另给“红包”，然后发一张纸说明奖励的理由。暗奖对其他人不会产生刺激，但可以对受奖人产生刺激。没有受奖的人也不会嫉妒，因为谁也不知道谁得了奖励，得了多少。其实有时候管理者在每个人的工资袋里都加了同样的钱，可是每个人都认为只有自己受了特殊的奖励，结果下个月大家都很努力，以争取下个月的奖金。

鉴于明奖和暗奖各有优劣，所以不宜偏执一方，应两者兼用，各取所长。比较好的方法是大奖用明奖，小奖用暗奖，例如年终奖金、发明建议奖等用明奖方式。因为这不易轮流得奖，而且发明建议有据可查，无法吃大锅饭。月奖、季奖等宜用暗奖，可以真真实实地发挥刺激作用。

7.更换方式

现代企业最常用的激励和表扬方法就是发奖金，管理者们不难发现，这样的效果往往并不是很好。因为事实证明，陈旧的、单调的、传统的激励方法已不能使员工们兴奋，因而也就达不到激励和表扬的效果。怎样才能给员工和下属们一些新鲜感呢？这就需要管理者开动脑筋，别出心裁地想出新颖的办法来，如组织优秀员工旅游观光，或给他们适量的自由时间，当然还可以组织各类活动等。

批评不等于简单斥骂

在任何团队中，当员工犯下不可原谅的错误时，管理者不可避免地要对其加以批评。然而批评不等于简单地斥骂，和表扬下属一样，也要讲究方法和技巧。

1.有的放矢

在批评下属之前，我们首先要弄清以下问题：

（1）对方能否接受批评。他可能正处于困难时期，极其脆弱。如果你想和他谈一些麻烦事，得先想想现在是不是时候。

（2）批评方式是否恰当。自己是不是正在重复以前批评的内容或方式？如果你是受批评者，面对上司不断重复的批评内容和方式你将做何想？你现在要注意了解的不是下属犯的错误，而是为什么他在受到这么多批评以后仍无改进。是不是还有别的什么该做而没有做的事情呢？

（3）是否考虑了下属的心情。提出严厉批评的时候，必须了解对方的心情。他可能正感到彻底绝望，难以继续工作，而需要从你这里得到证实，证实他不是被当作不合格的人来看待，而只是在某件事上出了差错。这时，你要告诉他，在另外一些事上你觉得他干得很好。批评必须要以表扬作为缓冲。

（4）出现的问题是否属于管理者的责任。管理者有时可能会感到来自雇员的威胁，感到自己不受欢迎，莫名其妙地想惩罚他们。不要根据自己的情绪，而要根据实实在在的原因做出反应。

2.巧用时间差

当下属犯了错误或造成失误时，当然要追究责任，要批评、处分，甚至撤职。但在事情和责任没有搞清楚之前，千万不要急于处理。如果处理错了或重了，伤了感情，事情就很难挽回了。假如你没有进行处理，那么主动权就掌握在你的手里，想什么时候处理就什么时候处理；如果你处理得好，不仅不会伤害下属的感情，反而会赢得下属的心，使其成为你的忠实员工。

3.保护下属的自尊心

自尊心是应该受到保护的。不伤害人的自尊心，不仅是尊重别人的人格，而且对搞好企业大有好处。人有了自尊心，才会求上进；有上进心，才会努力工作。凡是自尊心强的人，不论在什么岗位上，都会尽自己的努力而不甘落后于人。明智的管理者要保护下属的自尊心，特别是在批评下属时。比如，注重礼貌，让他们充分体会到自己与上级在人格上是平等的；或使用适当的褒奖，让他们有荣誉感等。

4.秘密进行批评

有的领导喜欢在众人面前斥责下属，是想以此来把责任转移到下属身上，好让上级、客户或其他下属知道，这不是他的错，而是某个下属办事不力。这种想法是非常幼稚的。出现错误的时候，如果领导确实不十分知情，就应该把有关人员找来，把问题问清楚，然后让下属回去继续工作。领导应该负起责任并处理问题。等上司或客户走了，有必要纠正、责备时再严格执行。

5.适可而止

即使是第一千次犯错误的下属，也会找到理由为自己所犯的错误做解释、为自已辩护。下属有能力自我反省，在挨批评之前就认错，实在是已经很不错了。在下属说出“我错了”时，当领导的如果还不能原谅他，那实在不能说他是个高明的领导。

6.一次解决一个问题

一次谈论多个问题，会伤害员工的感情，让他们以为你是有计划、有目的地在打击他们，而且他们还可能不知道你最关注的到底是哪个问题，不知道该从哪里着手解决。

7.对事不对人

把焦点转向当事者的人格特质不但于事无补，有时反而会造成更难收拾的残局。此时，不妨让对方提出解决之道。提出解决办法的人，通常会比较努力地去实施。另外，在批评时，绝不可随意对下属进行挖苦讽刺，否则，不但使整个谈话劳而无功，还可能给自已增添几个敌人。

8.事后要安抚下属

如果领导在痛斥下属之后，当天晚上立刻打电话给该下属，给予一番鼓励与安慰，那么遭受斥责的下属会心存感激地认为，领导虽然毫不留情地训了我一顿，但他实在是用心良苦。如此一来，下属对于责骂的内容更加牢记在心，从而大大提高了工作的自觉性。

直接解释问题比说什么都好

当组织中出现问题时，一个很好的解决方法就是直接解释问题，也就是坦诚沟通。对于领导人来说，坦诚意味着在你做口头、非口头的沟通时，表现得很直接、透明、开放、坦率。身为领导人，你必须化解所有的恐惧、不确定性与疑虑。告诉员工他们应该知道的事。告诉他们你想要什么，对他们有什么期待，或对他们有什么打算。同时，询问他们想要什么，有什么期待，或对你有什么打算。

坦诚是每一位领导者都应具备的优秀的工作作风。作为领导者，身体力行、率先坦诚沟通很重要。这样可以在组织内部建立一种信赖感，这种信赖感可以带来组织成员对团体的高回报。

作为领导者，尽早沟通，经常沟通，并且做到坦诚沟通是十分重要的。当你与员工坦诚沟通时，你必须建立一种信任，通过你的沟通行为，传达这样一种隐含信息：“我欢迎沟通；与我沟通是很安全的；对于坦诚的沟通行为，我很欣赏。”

第十二章

赏罚分明，刚柔并济管理下属

让制度为公正导航

制度能够为建立公正的氛围提供保障。内部招聘制度的建立，使所有员工都在同一平台上进行竞聘，确保竞聘过程的公正性。

企业管理要制度化，而且制度不是用来讨论的，而是用来执行的。也就是说，企业若想顺畅发展，就一定要有一套完善的管理制度，并且所有人都得严格按照制度执行。

言传再多也不如身教有效。若想让员工遵守制度，前提是管理者首先要管好自己，为员工们树立一个良好的榜样。行为有时比语言更重要，领导的力量，往往不是由语言而是由行为动作体现出来的，管理者的表率作用尤其重要。

制度不是制定给人看的，而是让人遵守的。一旦制定，组织中任何成员都必须受到制度的约束，这样才能发挥制度的作用。

制度不仅仅让员工的行为有了底线规范，更让管理变得简单、公正。因此，管理者要做好制度的建立者，更要做好制度的守护者与执行者，只有这样，制度才能在促进公正方面发挥最大效用，才能使组织因为足够公正而具有强大的凝聚力。

有赏有罚铸就铁的纪律

对于军队而言，赏罚分明可以提升军队战斗力；对于公司而言，赏罚分明可以提升企业的市场竞争力。如果赏罚不明，一切制度都成了虚设。只有赏罚分明，制度才能得到巩固和完善。

在企业里，管理者只有“赏罚分明”，才能不断强化正确的行为、抵制错误的行为。“赏”是对员工正确行为的一种肯定，帮助管理者旗帜鲜明地表明，员工哪种行为是自己所赞同的；“罚”是对员工错误行为的否定，表明哪种行为是被管理者所禁止的。

企业管理者在赏罚分明方面要注意四个问题：

第一，有功必有赏。下属有功劳而不能获得奖赏，他会心生怨气，陷入懈怠。

第二，有过必有罚。有过不罚，等于说企业管理者自动放弃了惩罚机制。

第三，赏罚一定要双管齐下。有赏有罚，赏才能起到激励作用，罚才能发挥警示功能。

第四，赏罚一定讲求公平，否则会引起员工的抵触心理。

关键在于度的把握

管理者对员工进行激励，关键在于“度”的把握。激励失去分寸和节制，就会走向极端，最终导致激励无效。激励要讲究分寸，做到适度，最合适的才是最好的。管理者激励员工要适当适时，不可机械地单一奖励或者一味地处罚。

激励标准适度就能使激励对象乐此不疲，反之，如果激励对象的行为太容易达到奖励的界限，那么，这套激励方法就会使激励对象失去兴趣，达不到激励的目的。

人们的一切行为都是为了追求某种有利或避免某种不利，由此在生理和心理上必然产生与之相适应的喜好和厌恶情绪。激励就是为了诱导人们向好的方面发展，从而促进个人及企业的发展，乃至推动整个社会的前进。尽管不同的人们对激励的方式各有不同要求，但有一点是相同的，就是及时和适度的激励。

激励如果不及时、不适度，不仅会失信于民，挫伤积极性，而且还可能造成混乱，产生怨恨，取得完全相反的效果。因此，管理者要正确实施及时适度地激励。

以利激励要恰到好处

虽然物质激励是现代管理的基本手段，但有一些企业在对员工进行激励时，过分相信“重赏之下必有勇夫”的定律，一味地利用物质刺激激发员工的工作热情，提高工作效率。但长此以往，员工不仅没有了高涨的激情，反而会埋怨企业不够人性化，把人当作机器使用。

过度的物质奖励是一种没有激励性的、拙劣的激励方式。如果职员得到了现金红利的奖励，他们可能会过分依赖金钱，想方设法通过降低工作质量来提高数量，表面看起来效率是提高了，可是质量问题却多了。还会使工作形成一个误区，不管管理者让做什么事，都要先讲好价钱，没有钱就不干活。

因此管理者在进行物质激励时一定要谨慎行事，不可因一时的兴奋就随口承诺，完全把金钱当作激励的工具。物质激励对于被激励的人能够起到作用；但对于那些没有关联的人往往会降低激励效用，会在团队中形成一切向钱看这种不良氛围，降低了团队的精神凝聚力。

尽管孔子说“君子喻于义，小人喻于利”，但不能否认“利”是我们赖以生存的基础，只有运用物质的手段使受激励者得到物质上的满足，才能进一步调动其积极性、主动性和创造性。物质激励的动机是使其努力工作，出发点是关心员工的切身利益。如果缺乏物质激励这种手段，激励就会成无本之木，成为空谈。

管理者在激励时既不能没有物质激励这种手段，又不能将物质激励极端化。物质激励不到位及过度使用物质激励都是无效的激励。物质激励应与相应制度结合起来。制度是目标实现的保障，企业要充分重视薪酬制度的合理性，以充分发挥薪酬制度对员工的激励作用。工作是经济行为，员工是理性的经济人，根据员工的表现和公司财务情况，进行适合的物质奖励，是最为明智的管理方式。

管理的本质是规则

管理最本质的内涵是规则。无论是已发展到一定规模的组织还是刚刚成立的新组织，都需要一些规章制度来进行规范管理。制定制度本身并不难，难的是制度的执行。

其主要原因在于：制度的执行实际上是在规范和改变成员的工作习惯。中国有句俗话叫“江山易改，本性难移”，改变一个人的习惯是相当困难的，况且制度是要改变所有成员的工作习惯，其难度可想而知。

所以在制定各项制度时，不但要确保制度的正确性，更重要的是要保证制度在实施时能被成功地执行。为此，制定制度不能草率。制定管理制度要符合以下十大原则：

1.让当事人参与的原则

让当事人参与制度的制定是制定制度的一个重要原则。如果这个制度是针对整个组织的，就要尽量使组织的全体成员都参与到制度的制定中来，如果只是针对某个工作流程而制定的制度，则需要请相关的成员参与进来。一般的做法是由起草人进行认真调查之后，起草制度的草案，将该草案公布于众，让大家进行讨论和修改，并由起草人收集意见进行修改。对于重点的当事人，起草人要个别征求他们的意见，并做认真的记录和总结。

要注意的是在收集到的意见中，会有80%的意见是重复的或不可行的（对这些意见要向提出人做耐心的解释），只有20%的意见真正有作用。但这种让当事人参与讨论制度的形式不可缺少，因为这种参与的形式比参与的结果更加重要。

虽然让当事人参与会让制定制度变得复杂起来，但却会为今后制度的执行减少很多障碍。人本能地会对约束他的东西产生反感，而制度恰恰是约束人的东西。让成员参与到制度的制定中来，可以减少这种反感，因为人们都不会讨厌自己的劳动成果。

2.简明扼要的原则

制度是需要执行的，当成员对制度本身无法深入地了解时，就谈不上很好地执行。制度是针对所有当事人的，所以制度本身的语言描述应该尽可能地简明、扼要、易懂，并且不产生歧义，让所有的当事人都可以轻松地理解。另外，制度不必非常缜密和完备，首先，是因为这样会损害制度的简明性和易懂性，不利于制度的执行；其次，每位成员都对制度有基于常识的认识和理解，而这些常识性的东西不必在制度中面面俱到。

3.不求完善但求公正的原则

在制定新制度时，很难做到一次性制定得非常完善。随着组织的发展和管理水平的提高，可能还要不断地进行修改和充实。制定制度是为了使用，所以制度一定要适合组织。在制度执行的过程中，可能会因为制度本身的不完善和不合理而出现一些问题，但这些不应该影响制度的公正执行。比起制度的完善性，成员往往更加关心制度执行的公正性，所以对于制度的制定者来说，应该比关心完善性更加关心执行的公正性。

4.系统和配套的原则

制度要全面、系统和配套，基本章程、各种条例、规章、办法要构成一个内在一致、相互配套的体系。同时要保证制度的一贯性，不能前后矛盾、漏洞百出，避免发生相互重复、要求不一的情况，同时要避免疏漏，要形成一个完善、封闭的系统。

5.从实际出发的原则

从实际出发是制定制度必须遵守的重要原则。制定制度要从组织的实际出发，根据组织的构成内容、工作对象、管理协调的需要，充分反映各项组织活动的规律性，体现组织的特点，保证制度具有可行性和实用性，切忌追求时髦，流于形式。

6.重视成员工作习惯的原则

懒惰是人的一大天性，没有人会主动更改自己熟悉的工作方式，所以在制定制度时，一定要认真分析现有的工作流程和工作习惯。在达到目标的原则上，要尽可能地继承原有的流程和习惯，这样才能有效地保证日后制度的执行。

7.以需要为依据的原则

制度的制定要以需要为依据，即从需要出发，需要是一项制度制定与否的唯一标准，制定不必要的制度，反而会扰乱组织的正常活动。如有些非正式行为规范或习惯能很好发挥作用，就没有必要制定类似内容的行为规范，以免伤害成员的自尊心和工作热情。

8.具有先进性的原则

制度是一个组织的“骨架”，先进的制度有利于组织的正常运营，因此，制定制度一定要从调查研究入手，总结本组织的经验，同时吸收其他组织的先进经验，引进现代管理技术和方法，保证制度的先进性。

9.采取措施、改造习惯的原则

新制度的执行过程就是改变成员工作习惯的过程。管理者应该很清楚地认识到该制度的执行会带来哪些工作习惯的改变，这种改变成员是否可以接受，接受的程度是多少。根据具体情况，管理者必须采取一些辅助措施来加强对成员工作习惯的改变，比如在新制度执行时，进行制度培训，或进行频繁的抽查和监督等。

10.具有操作性的原则

制度必须具有可操作性，否则就失去了制定制度的意义。要想使制度易于操作，最好在制度中就明确一般的操作方法。另外，要写明制度的执行原则，这样便于对特殊情况进行处理（最好能规定出解释权的归属部门）。

奖罚都要说明原因

在企业里，管理者就好像员工的家长，他要对员工的行为负责。对员工的激励应该像写文章一样，中心思想要明确，表扬员工的时候，一定要说明表扬他的原因，这样才能有的放矢，取得良好的效果。假如只是模糊的称赞，说：“你做得不错！”那样对员工的意义就很小，企业管理者应该明确指出，员工哪些工作做得很好，好在哪里，让他们知道，公司希望他们能重复良好的表现。

领导者奖励员工，如果不明确应该奖励什么，就会产生负面效应。很多领导者在奖励员工的时候，都没有把奖励的内容明确化，这就容易给员工造成误导，最后出现领导者不希望出现的行为。

第十三章

有效沟通，畅通与下属的交流

倾听代表你的态度

倾听是很重要的管理技巧，这里有几个简单的方法供管理者参考。

（1）态度要端正。千万不要摆出你是一个老总的架势，那样你的员工可能不会将他心中的真实想法表达出来，也很容易伤害他们的自尊。

（2）善于聆听弦外之音。你们的位置毕竟不同，有些时候，他并不会直接地向你表达，而是选择绕圈子的方式。因此，当你在倾听时，要特别注意说话者的语调，因为里面很可能隐藏着他们要表达的真正含义。

（3）要有敏锐的观察力。根据一份报告指出，55%的沟通是根据我们所看到的事物进行下去的。良好的倾听者会观察说话者的一举一动。

（4）要对所听到的情感做出反应。有时候，说话者所要表达的感情远比他们所表述的内容重要。仅仅理解说话者所表达的感情是不够的，还应当对说话者的情感做出适当的反应，这样才能使说话者知道他所要表达的内容对方都明白。

（5）表现出你非常乐意的姿态。这个方法也许是最重要的，因为所有的倾听都开始于我们乐于参加的意愿。倾听的动作可能是人类最不自然的动作之一，因为我们得抛开自己的需要和时间表，来迎合他人的需求。这也就是良好的倾听习惯，需费一番功夫才能精通的原因。

（6）与你的倾诉者对话。倾听是一种尊重对方的方式，但是，如果只是一味地"听"而不发一言，则会让倾诉者逐渐丧失倾诉的意愿。所以，不仅要倾听，还要参与对话。

（7）注意力集中。这是尊敬说话者最起码的表现。聆听者的尊敬会使说话者觉得有尊严。当你未全神贯注地倾听别人说话时，你已在无意间冒犯了别人。尊敬说话者指的是，全神贯注于说话者的表达内容，不打岔，不敷衍应答。

只有一页的备忘录

宝洁公司制度的特点是人员精简、结构简单，与公司雷厉风行的行政风格相吻合，它集中体现在该公司的标语"一页备忘录"里。

一次，宝洁公司的一位经理向总经理理查德·德普雷递交了一份厚厚的备忘录，上面详细介绍了他对公司问题的处理意见。没想到，理查德·德普雷看到后连翻都没翻，就非常生气地在上面加上了这样一条命令：“把它简化成我所要的东西!”然后吩咐将这份备忘录退回。

还有一次，一位主管递上来的报告非常复杂，理查德·德普雷在后面批示道：“我不理解复杂的问题，我只理解简单明了的!”

这就是宝洁的风格。他们坚持只用一页便笺进行书面交流。宝洁要求员工要不遗余力地将报告提炼浓缩到一页，把问题搞清楚，把事情搞透彻才是最主要的，那些长篇大论显得毫无必要。对此，理查德·德普雷曾这样解释道：“我工作的一部分就是教会他人如何把一个复杂的问题简化为一系列简单的问题，只有这样，我们才能更好地进行下面的工作。”

在宝洁，为了贯彻这种“一页备忘录”的原则，备忘录的写作甚至被当作一种训练。对资历较浅的人员来说，一个备忘录重写10次是常见的事。公司资深经理或新任的品牌经理，在草拟备忘录时，一般也要至少打上五六遍草稿，才能达到“在一张纸上做到细致、慎思、严格”的要求。通过不断地重写备忘录，宝洁希望能够训练员工更加周密地思考问题，有效地沟通。一页备忘录的威力在于要点鲜明集中，比主旨散布在十多页上的分布式、复杂式的报告要简洁清楚。同时，一页备忘录也解决了很多问题。

首先，只有少量的问题有待讨论，审核的速度加快了，工作效率也提高了；其次，避免了大量的、不必要的时间上的浪费；最后，这种精练的文章形式，使要报告的事情的含金量大大提高。管理者为了能做到简洁有效的沟通，可以训练自己下列交流技能：

（1）简明扼要地说明任务的性质。

（2）告知员工去做什么，如何去做。

（3）鼓励圆满完成任务的员工。

（4）与员工建立和谐的关系。

（5）与员工一起探讨问题，听取他们的意见，了解他们的感情。

（6）有效地委托职责，以便了解员工可能提出的问题。

使用对方熟悉的语言

管理大师德鲁克说：“当我们对木匠说话时，我们需要使用木匠的行话。”正如人不能听到一定频率以上的声音那样，人的知觉也不能感知到超过其感受能力以外的事物。当然，从物理上讲，他可以听到或看到，但不能接受，不能成为信息交流。因此，要想获得高品质的沟通，就需要使用通俗的语言。

对于管理者而言，学会使用对方的语言，用对方熟悉的术语、习语和沟通方式进行沟通，极其有利于提升沟通的品质。“你必须以对方的语言来说话。如果你对双方都有所了解，才会沟通顺利。”德国著名剧作家华格纳说：“除了留心你的声音听起来如何，还要注意你所使用的字眼。如果你是个大量使用词语的人，要当心并非每一个人都听得懂，而且可能很多人会觉得枯燥无味——即使他们同意你所说的主题。”

这就像我们在和别人沟通时使用别人的语言一样，当我们用对方不熟悉的语言进行交流，对方反应迟缓；而当我们开始使用对方常用的术语时，对方立即就会对我们的观点进行回应。

善于沟通的人都有方法“进入别人的频道”，让别人喜欢他，从而博得信任，表达的意见也易被对方采纳。人与人面对面沟通时的三大要素是文字、声音及肢体语言。一般人常强调对话的内容，却忽略了声音和肢体语言的重要性。其实，沟通要想进入别人的频道，除了使用对方的语言，还要使你的声音和肢体语言与对方的习惯保持一致。我们这里介绍一种五步沟通法。

第一步，情绪同步，表情同步。如果对方很严肃，你也应跟着严肃；对方表情很放松，你也应表现得很轻松；对方在开怀大笑，那你也没必要拘谨，完全跟对方同步，对方就会莫名其妙地觉得你很可亲，很合得来。

第二步，语调语速同步。如果对方讲话速度很快，你也应提高语速；对方讲话速度非常慢，你也应不急不躁；对方声调很高，你也很高；对方讲话声音很轻，你也非常轻。总之，与对方越接近越好。

第三步，肢体动作同步。模拟对方所有的习惯动作，比方说对方经常捋捋头发，你也可以做类似的动作。但是需要切记的是，千万不要和对方同时进行。任何人都不希望别人模仿自己的动作，你的模仿应该在不知不觉之中。

第四步，习惯用语同步。每个人讲话时都有一些口头禅，比如说，“那么那么”“真是的”。这时候你要注意把对方的口头禅也融入你的语言中，这样会使对方听起来很亲切，有熟悉感。

第五步，价值观同步。研究表明，人与人之间的冲突95%来源于价值观的冲突。假如你要真正地、全方位地进入对方的频道，进入对方的心灵，就必须认同对方的价值观，这样才能实现深层次的沟通。

按照对方的期望沟通

在进行沟通前，我们必须先了解对方期望听到什么。德鲁克说，只有了解了对方的期望，我们才能了解沟通是否能够利用收听者的期待，以及是否需要对他“当头棒喝”，让他意识到“不能如其所愿”的事情正在发生。也就是说，通过了解对方的期待，使我们的沟通更有针对性。一次，孔子的学生仲由问：“听到了，就去做吗？”孔子说：“不能。”又一次，另一个学生冉求又问：“听到了，就去做吗？”孔子说：“干吧！”公西华在旁听了犯疑，就问孔子：“两个人的问题相同，而你的回答却相反。我有点儿糊涂，故来请教。”孔子说：“求也退，故进之；由也兼人，故退之。”意思是，冉求平时做事好退缩，所以我给他壮胆；仲由好胜，胆大勇为，所以我劝阻他。孔子教育学生因人而异，我们谈话也要根据不同人的期待做到因人而异。

做好“一对一”面谈

“一对一”面谈最简单的定义就是“有计划地谈话”，也就是两个人为达到某一目的，而以谈话为手段的一种交互行为。面谈有多种形式，可达到不同的目的。例如，管理者了解员工工作情况，或重新指派员工担任新的职位，以及评估员工的表现，或辞退员工。

无论进行何种面谈，首先应谨记以下要点：

制定目标：目标不外乎是找出一套双方都能接受的折中方案，因为大部分的面谈都是为了解决某个问题。

做好准备：事先应收集相关资料以便有助于面谈的进行。

主持面谈：身为主管，应在面谈中掌握主动权。具体来说，必须注意以下几点：要确保沟通的时间；不能涉及个人隐私；要明确面谈的目的；要简短扼要地切入话题；要讲究技巧；注意倾听；要善于观察，善于把握肢体语言；和当事者共同拟订出一套可行的解决方案。

追踪核查：了解当事人的“病情”是否确有好转迹象，视情形可再做后续约谈。

除了申诉事件外，所有的面谈都是由主管主动策划，因此要确保所有面谈前的相关事宜都已事先打点好了，包括资料收集。

在面谈过程中，管理者一定要注意以下几点：

（1）要明确面谈的目的和重点。例如：“我们到这儿来是想讨论一下你的工作进展情况的，看看自上次会议以来是否有什么变化，以及能否找到对你完成工作有帮助的措施。”

为员工提供与工作相关的信息。例如：“我先解释一下董事会做出的改变发展方向的决策，这对我们的工作会有些帮助。”

（2）把具体的工作任务和标准作为面谈的重点。例如：“让我们浏览一下我们4月份制定的目标和标准。我想知道你是否觉得你正朝着实现这些目标的正确方向努力，你是否遇到了什么问题，并看看我们能否为解决这些问题做些工作。”在把重点放在倾听上的同时，管理者也可以评论一下发现的问题或表扬一下他或她的工作。

（3）及时解决问题。如果出现了偏离轨道的问题，就要马上找一找原因并共同努力解决。

（4）不要留下任何问题。例如询问：在面谈结束前，你是否觉得还有一些其他事情应该让我知道，以便我更好地工作或者让这里的工作更富有效率?

（5）提出结论和解决方案。例如："好，现在让我们总结一下。我们都认为你会从这次培训中受益，因此我将为你安排这个培训。在两个月后的会议上，我们再来看看今天我们讨论的问题是否解决了。你看这样行吗?"

虽然是两个人的面谈，但约见人的角色比较重要，因为他是引发这项沟通行为的人。因此当管理者扮演约见人的角色时，要特别注意下面几点：

（1）把握角色。尽量了解被约见人。即使是很熟悉的员工，也可能在面谈的特殊情况下，改变原有的看法。管理者应尽量设身处地地为对方着想，如果能预知对方的感觉和期望，则可据以调整沟通方式，创造良好的气氛。至少应猜想对方在这种情况下会有什么表现，他会怎么想?他的态度如何?感觉怎么样?他会期望什么形式的面谈?

（2）保持友善。有时候，为了使对方放心说话，高度的友善也是必要的。

（3）同意被约见人的观点。作为约见人，有时候同意被约见人的观点而不予以任何反对是必要的。这种做法使被约见人感到自在，并且扫除了被约见人透露情报的障碍。譬如，被约见人的价值观念使其不喜欢亵渎不敬的言辞，而约见人用了这类言辞，他自然不愿回答。有时候，即使像吸烟一类的小事，都会妨碍有效的沟通行为。

（4）明确面谈主题。避免被约见人对面谈的目标和功能的错误判断也是很重要的工作。因此，在面谈一开始时就要使对方明白谈话的目的，以及所需情报的种类或性质，同时说明需要的原因。

（5）控制面谈方向。所谓“控制”，就是使面谈按特定目标进行。控制并不是要操纵被约见人，更不是要驱使他盲从事先定好的沟通纲要，而是一旦目标设立并且被接受后，被约见人可针对目标自由发表意见。约见人不可干涉过多，以免失去重要情报。特别是独立性较强的人，喜欢在民主气氛下进行讨论。然而，有些被约见人则需要严格控制。譬如，依赖性很强的人，要有更多安全感才会更从容地发表意见。

（6）创造沟通气氛。约见人的工作之一是创造良好的沟通气氛，使得被约见人愿意交谈。要创造这种气氛需从以下几点做起：合理布置场所，使对方感觉适合和安全；在会谈地点不应有制造紧张的物品；创造和保持安全气氛；提出或转换问题要适时。

（7）诱导被约见人发言。很多主管的面谈记录都显示，被约见人常常只对引导式问题做简短的答复，大部分的时间，约见人都在唱独角戏。这种情况下，被约见人很容易了解约见人，而约见人反而没有机会了解被约见人。但有经验的管理者，恰好相反，他们的记录显示，大部分的时间是被约见人在说话。约见人只需提出主题，再问一些问题诱使被约见人发表意见，而他自己只要专心听就可以了。

（8）把握听的艺术。任何一种听的技巧，只要能正确了解对方的意思，或记住对方所说的话，都有极大的价值。在面谈时，“听”可分为三个层面。视觉上，看到了被约见人的反应；听觉上，听到了对方说的话；外表上，调整姿势，表示正在听他的话。

（9）学会做记录。面谈记录应该正确，而且尽可能完整。而在面谈中应该尽量避免当面做笔记。原因是做笔记会分散双方的注意力，当面做笔记很容易使被约见人紧张，面谈过程会因做笔记而时断时续，而且所做的笔记只是当时观感，就整体而言，可能不够准确。

总之，好的约见人要具有多方面才能。他必须能够创造适宜谈话的气氛，帮助被约见人适应环境，加强双方沟通，扫除沟通障碍，引导谈话进行的方向借以达到面谈的目标。

有效利用会议加强沟通

会议是一个组织修正、更新或补充其作为一种组织所具有要素的场所。每一个组织都应创造出它自己共享的知识、经验、判断等的集合。这个集合不仅帮助所有的成员更明智地去做他们的工作，而且大大提高了他们之间沟通的速度和效率。当拿出几个人组合的经验、知识、判断、权威和想象来集中解决问题时，可以改进（或有时候是改造）许多计划和决策。一个人提出的最初的想法，经过争论和讨论可能被测试、扩充、提炼，直到它比最初提出时满足更多的需求，并能够说服更多的持反对意见者。

但是，这种集合需要不断地更新、补充和删除。通过会议，成员们独自或以较小的群体形式获得了一定的信息和认识，而交换这些信息和认识这一看似简单的事情，对于群体的实力是有非常重要的贡献的。通过对新贡献的质疑和评论，该群体进行了一个非常重要的“消化”过程，提炼出了有价值的东西，抛弃了无价值的部分。

会议能帮助每个员工去理解组织目标，去理解通过什么方式使个体以及其他人的工作能够有助于组织的成功。

会议使所有出席者为它制定的决策和追求的目标承担义务。某些事情一旦在会议上做出了决定，即使是最初的反对者，在组织中的成员身份也使他具有接受该决策的义务。他们可能会遗憾自己的意见未能被采纳，但是，他们会接受结果。否则他就得离开该组织，但是，在实践中，很少有这种明显的两难境地。组织内对决策的真正的反对通常包括极少数的反对和多数人的不满。这种不满是因为决策前未被征询意见而产生的不满。对于大部分问题中的大部分人来说，知道他们的意见已经被听取和考虑就足够了。

会议是团队或群体实际存在并作为群体工作的唯一场合。

会议是一个地位的竞技场。通常情况下，会议往往是其成员获得机会、明确相互立场的唯一场合，所以这种“竞技场”功能是不可避免的。

当一个群体还很新、拥有一个新领导者或者是由那些诸如部门首脑的人组成时（这些部门首脑在为提升而竞争，而且，并不在会议之外的同一个团队中工作），“竞技行为”可能会表现得更强烈，甚至到了主宰会议程序的地步。然而，对于一个长期建立起来的、定期会晤的群体，却没有多大关系。

尽管会议可以执行所有前述的主要功能，但是会议沟通也存在其不可避免的一些缺陷。

会议的组织比较耗费时间和精力，而且对管理者的管理和沟通技巧要求较高。

有些问题不便于在会议上进行公开讨论。

与会者对会议的需求不同，因此他们可能会抱着各自的目的来参加会议，会对沟通中的信息进行选择性地过滤。

如果时间安排不当会影响工作，因为会议必然要使很多员工离开工作岗位，放下手头的工作。

如果会议的组织不够理想，会使会议成为一种形式。

在会议沟通中，需要把握一些必要的原则：

（1）注意会议的主题和频率，针对不同的员工召开不同的会议。

（2）合理安排时间，以不影响正常的工作为宜。

（3）在会上讨论一些共同的问题，不针对个人。

（4）鼓励员工自己组织有关会议，邀请相关人员列席会议。

（5）运用沟通的技巧形成开放的沟通氛围，不要开成批判会、训话会、一言堂、拌嘴会。

同下属保持经常性接触

非正式沟通能使管理者和员工得以保持经常的往来接触，而且仅仅由于这类接触的经常性以及它所具有的性质（如同级之间是处于半竞争状态下），就能使得整个系统的混乱和无组织性受到很好的控制。

使用和倡导非正式沟通的优点是它们来得“及时”。问题发生后，马上就可以进行简短的交谈，从而使问题很快得到解决。因为问题不总是正好在计划开会的前一天发生，因此离计划会议不是“足够近”时，必须采取其他的沟通手段。

非正式的会议、闲聊、喝咖啡间歇进行的交谈，或是著名的“走动式管理”都具有这些优点。某些企业的员工甚至声称，他们对管理者参加的只有20分钟的喝咖啡时的交谈比任何长时间的正式会议更满意。常用的非正式沟通方法主要有以下几种：

（1）走动式管理。走动式管理是许多优秀企业比较常用的也是比较容易奏效的一种沟通方式。走动式管理是指管理者在员工工作期间经常到员工的座位附近走动，与员工进行交流，或者解决员工提出的问题。管理者对员工及时的问候和关心本身并不能解决工作中的难题，但足以使员工受到鼓舞和激励。有的员工说：“我就特别喜欢主管走到我的座位上，拍一下我的肩膀，对我问上一句：‘怎么样？’”员工往往不喜欢管理者整天坐在自己的办公室里，不与自己说一句话。

管理者在走动式管理的过程中如果注意一些技巧和保持一定的敏感性的话，四处走动并进行非正式交谈的确是很好的方式。

但更重要的是要创造一个合适的氛围，当问题出现时，要让员工感到舒适轻松。因此不要对员工具体的工作和行为过多干涉，不要对他们指手画脚、品头论足，否则的话就会给员工一种突然袭击检查工作的感觉，员工容易产生心理压力和逆反情绪。

（2）开放式办公。主要指的是管理者的办公室随时向员工开放，只要没有客人在办公室里或正在开会，员工随时可以进入办公室与管理者讨论问题。我们可以看到，许多公司中管理者的办公室是不设门的，只是用比较高的隔板隔开，这样做的目的是便于员工随时与其进行沟通。开放式办公的优点就是将员工置于比较主动的位置上。员工可以选择自己愿意与管理者沟通的时间与其进行沟通，员工可以主导沟通的内容。绩效管理是主管人员和员工双方的责任，员工主动与主管人员进行沟通是他们认识到自己在绩效管理中的责任的表现。而且，沟通的主动性增强也会使整个团队的氛围得到改善。

（3）工作间歇时的沟通。管理者还可以利用各种各样的工作间歇与员工进行沟通，例如与员工共进午餐，在喝咖啡的时候聊聊天，等等。在工作间歇时与员工进行沟通要注意不要过多谈论比较严肃的工作问题，可以谈论一些比较轻松的话题，例如昨天晚上的足球赛、烹饪的技术、聊家常等，在轻松的话题中自然而然地涉及一些工作中的问题，而且要尽量让员工主动提出这些问题。

（4）非正式的会议。主要包括联欢会、生日晚会等各种形式的非正式的团队活动。非正式会议也是比较好的一种沟通方式，管理者可以在比较轻松的气氛中了解员工的工作情况和遇到的需要帮助的问题。而且，这种聚会往往以团队的形式举行，管理者也可以借此发现团队中的一些问题。

要善于向下属推销信息

管理大师德鲁克说："管理者越来越像推销员。"在推销的时候，我们不会劈头就问"我们要什么"，而会先问"对方需要什么，价值是什么，目标是什么，期望获得的成果是什么"。

优秀的管理者必定是指挥家或者教练，而非传话筒。企业管理者一定要到下属中去，而不是通过制度、命令或者其他呆板的框架体现。向员工"推销"管理，目的是使员工理解管理并乐于接受管理，而不是对员工施加压力或者约束员工的行为。

通过与员工面对面的接触，管理者常常可以更好地对下级进行指导，同下级直接交换意见，特别是能够听取下级的建议，了解遇到的各种问题，从而能更有效、更及时地采取相应的措施。

（1）能产生联动效应，即主管动，部属也跟着动。既然领导都已经做出表率了，那么下属自然也会紧跟领导步伐，加强走动管理。

（2）投资小，收益大。当今世界，人们都在努力提高效率。走动式管理不需要太多的资金和技术，就能提高企业的生产力。

（3）看得见的管理。最高主管能够到达生产第一线，与工人见面、交谈，期望员工能够对他提意见，能够认识他，甚至与他争辩是非。

（4）实现真正的现场管理。

（5）更能获得人心。优秀的企业领导要常到职位比他低几层的员工中去多听一些“不对”，而不是只听“好”的。不仅要关心员工的工作，叫得出他们的名字，而且还要关心他们的衣食住行。这样，员工觉得领导重视他们，工作自然十分卖力。一个企业有了员工的支持和努力，业绩自然就会蒸蒸日上。

用生动的演说感染员工

古人言：“一言可以兴邦，一言可以误国。”人与人之间交流思想、沟通感情，最直接、最方便的途径就是语言。有人说，巧舌如簧的人能用头发牵动一头大象。尽管这话有点夸张，却也说明了生动的语言表达在人们日常生活和工作中显得多么重要。

作为一个优秀的管理者，通过出色的语言表达，可以让领导与下属对你产生好感，加深彼此的感情，可以使有分歧的人互相理解，使矛盾化为乌有。巧妙运用生动的演说能力去感染员工、征服他人，不仅可使工作顺利进行，更是你事业成功的关键。

作为一名管理者，不管是在与领导还是与下属的沟通中，善于把握对方的心理，进而运用生动的演说去感染对方，是做到高品质沟通的关键。

生动的演说离不开幽默艺术的运用。美国心理学家特鲁赫伯说过：“幽默是一种最有趣，最富有感染力，最有普通意义的传递艺术。”幽默已经成为古今中外许多管理者成功的法宝和秘诀之一。在实际工作中，每一个管理者遇到的矛盾和问题都不同，学会运用幽默的语言艺术，效果会更为理想。

管理者语言表达水平是事业成功的关键，有些管理者说出去的“话”犹如磁场一般，既能对员工产生极强的吸引力，又能给员工凉爽愉悦之感，从而获得员工的认可和尊重，有效地感染并激励员工的工作热情。用生动的演说感染员工，团队将会产生火一般的激情。

管理者要想使自己的演说富有感染力，需要做到以下三点：

首先，要充满热情。热情是可以感染的，是可以传递的。演说者的热情能够感染和传递给听众，能够调动起听众的情绪。我们很难想象，一个没有热情的演说者怎么才能够使听众热情澎湃。

其次，要善于使用名人名言和根据性。成功的演说者总有上百万的名句在脑海中，将这些名句在演说中信手拈来，以此来增加演说的说服力。根据性能够使演说者的观点有理有据，能够增加听众对演说者的信赖。

最后，要善于讲述故事。成功的演说者就是一个擅长讲故事的人。他有很多故事，并且这些故事都与他要传达的信息相辅相成。我们都有这样的体验：因为某个故事引发的道理更能使我们印象深刻。同时，通过讲述故事，能够使听众接受信息时较为轻松。

有什么意见都可以说出来

有争论、有冲突并不绝对是坏事。每个人都有自己的想法和观念，因为每个人的立场不同、教育背景不同，看待事物的方式自然也有所区别。因此冲突就不可避免。尊重员工，就要给予每个员工表达不同意见的机会。

冲突有时候是一种促进，大家在冲突中沟通和交流，并试着就某一问题达成共识。冲突使企业领导能够多方面、多角度地看待问题，从而做出正确决策，这是企业健康的表现。

看懂下属的一举一动

在沟通过程中，有经验的管理人员善于从对方的身体语言中捕捉到他们所需要的宝贵信息，如能恰当运用，这将为争取主动奠定坚实的基础。

1.从眼睛中寻找沟通信息

眼睛是心灵的窗户。眼神是表情达意的最有力的手段之一。心理学家研究发现，眼睛能传达出人类表情的主要信息，从而为人们的沟通制造良机。

一般而言，与人交谈时，视线接触对方脸部的时间在正常情况下应占全部谈话时间的30%～60%。超过这一平均值时，可以认为他对谈话者本人比谈话内容更感兴趣；低于平均值者，则可能被认为他对谈话者本人和谈话内容均不感兴趣。

倾听对方谈话时，几乎不看对方，那是企图掩饰什么的表现；倘若眼睛闪烁不定，则是一种反常的举动，常被视为用作掩饰的一种手段或性格上的不诚实。

人们处于高兴、喜欢、肯定等情绪状态时，瞳孔必然放大，眼睛很有神；处于痛苦、厌恶、否定等情绪状态时，瞳孔就会缩小，眼睛必然无光。

在一秒钟之内连续眨眼几次，这是神情活跃，对某事物感兴趣的表现，有时也可理解为由于个性怯懦或羞涩不敢正眼直视的表现；瞪大眼睛看着对方，是对对方有很大兴趣的表示。

2.从嘴部动作中寻找沟通信息

除了眼睛以外，在面部器官中嘴唇也能表现出一个人的内心世界。嘴巴，除了是摄取食物和呼吸的器官外，也是说话的工具，它的吃、咬、吮、舔等多种动作形式，决定了它具有丰富的表现力，往往能反映出说话人的思想情感。

如果一个人注意倾听对方说话时，嘴角会稍稍向后或向上拉，嘴唇常不自觉地张着，呈现出倦怠疏懒的模样，则说明他可能对自己所处的环境感到厌烦，心不在焉；如果紧抿嘴唇，且避免接触他人的目光，可能表明他心中有某种秘密，此时不想透露；但有时紧紧地抿住嘴唇，往往也表现出意志坚决；不满或固执时，往往嘴角下拉；撅起嘴是不满意和准备攻击对方的表示；失败时，咬嘴唇是一种自我惩罚的动作，有时也表示自我解嘲和内疚的心情。

3.从眉毛动作中寻找沟通信息

眉毛不是眼睛的简单配角，在表情达意方面，眉毛的形态变化也往往能反映出人的许多情绪，我们可以借此来寻找信息，以进一步做好管理中的沟通工作。

一般地，惊喜时，眉毛上扬，即人们所谓的“喜上眉梢”；愤怒、不满或气恼时，眉角下拉或倒竖，即通常所说的“剑眉倒竖”；当人困窘、不愉快、不赞成或者是表示关注、思索时，往往皱眉；若表示赞同、兴奋、激动的情绪时，眉毛则会迅速地上下跳动；倘若表示有兴趣、询问或者疑问时，眉毛就会上翘，反之，眉毛就会沉下来。

4.从肢体动作中寻找沟通信息

通过对四肢和腰部的动作分析，我们可以判断出对方的心理活动或心理状态。

握拳是表示向对方挑战或有紧张情绪，以拳击掌是向对方发出攻击的信号。微微抬头，将手臂放在椅子或腿上，两腿交于前，双目不时地观看对方，表示有兴趣来往；手臂交叉放在胸前，同时两腿交叠，表示不愿与人接触。用手指或笔敲打桌面，或在纸上乱涂乱画，表示对对方的话题不感兴趣、不赞同或不耐烦。

握手时对方掌心出汗，表示对方处于兴奋、紧张或情绪不稳定的状态；若用力握对方的手，表明此人热情、好动，凡事比较主动；手掌向下握手，表示想取得主动、优势地位；手掌向上，是性格软弱，处于被动、劣势或受人支配地位的表现；用两只手握住对方一只手并上下摆动，往往表示热情欢迎、真诚感谢或有求于人。

如果把两手手指并拢，放于胸脯的前上方呈尖塔状，表明此人充满信心；手与手重叠放在胸腹部的位置，则表明他的谦虚、矜持，抑或心中感到不安，希望能得到理解或慰藉。

如果一个人见你就鞠躬、弯腰，表示谦逊或尊敬之意，抑或心理上自觉不如对方，甚至惧怕对方时，也会不自觉地采取弯腰的姿势。

倘若腰板挺直，颈部和背部保持直线状态，则说明此人情绪高昂、充满自信、自制力较强；相反，双肩无力地下垂，凹胸突背，腰部下塌，则反映出这个人正处于情绪的低谷，或者没有自信心，或者对前途感到沮丧失望。